KB120694

— 아는 사람 모르는 이야기 —

인물사담회

아는 사람 모르는 이야기
인물사담회 01

All rights reserved. First published by Youngjin.com. in 2024. Printed in Korea
저작권법에 의하여 한국 내에서 보호를 받는 저작물이므로 무단 전재와 무단 복제를 금합니다.
이 책에 언급된 모든 상표는 각 회사의 등록 상표입니다.
또한 인용된 사이트의 저작권은 해당 사이트에 있음을 밝힙니다.

ISBN 978-89-314-7572-2

독자님의 의견을 받습니다
이 책을 구입한 독자님은 영진닷컴의 가장 중요한 비평가이자 조언가입니다. 저희 책의 장점과 문제점이 무엇인지, 어떤 책이 출판되기를 바라는지, 책을 더욱 알차게 꾸밀 수 있는 아이디어가 있으면 이메일, 또는 우편으로 연락주시기 바랍니다. 의견을 주실 때에는 책 제목 및 독자님의 성함과 연락처(전화번호나 이메일)를 꼭 남겨주시기 바랍니다. 독자님의 의견에 대해 바로 답변을 드리고, 또 독자님의 의견을 다음 책에 충분히 반영하도록 늘 노력하겠습니다.

파본이나 잘못된 도서는 구입처에서 교환 및 환불해 드립니다.

이메일 | support@youngjin.com
주소 | (우)08507 서울특별시 금천구 가산디지털1로 128 STX-V타워 4층 401호
등록 | 2007. 4. 27. 제16-4189호

STAFF
저자 EBS 〈인물사담회〉 제작팀(최수진, 최현선, 이규대, 김지영, 박동현, 전성훈, 김세연, 김미수, 김혜림, 진세연)
글 김서정 | **총괄·기획** 강상희 | **편집** 최용준, 한지수, 김서정 | **디자인·기획** 강민정 | **디자인** 신혜미
영업 박준용, 임용수, 김도현, 이윤철 | **마케팅** 이승희, 김근주, 조민영, 김민지, 김도연, 김진희, 이현아
제작 황장협 | **인쇄** 예림

— 아는 사람 모르는 이야기 —

인물ㅅ담회

YoungJin.com Y.
영진닷컴

머리말_역사(史)적인 인물의 가장 사(私)적인 이야기

최수진_책임PD

<인물사담회>는 EBS에서 2023년에 방송된 프로그램입니다.

'역사'는 학교에서 주로 암기 과목으로 다루어져 지루하고 진부하게 느껴질 수 있지만, 지금 우리의 삶과 다를 바 없는 과거 인물들의 '삶'을 살펴보면서 역사를 흥미롭게 전달해 드릴 수 있겠다는 기획 의도에서 시작됐습니다.

과거의 인물을 현재의 관점으로 재해석하며 바라볼 때, 우리의 여러 질문과 고민에 대한 작은 실마리를 제공할 수 있습니다. 해서 이러한 '사담회'['사'는 역사(史)와 사담(私談)의 중의적 의미로 작명한 것입니다]의 주인공이 될 인물들에 대해서 초반 기획 회의 때 많이 고민했습니다. 역사적으로 한 획을 그은 인물이지만 우리가 사는 지금에도 맞닿아 시청자들이 관심 있어 할 만한 인물, 너무 한 대륙, 한 성별 혹은 한 인종 위주의 위인전식 나열에서 벗어나 보다 다양한 분야, 세대를 아우를 수 있는 인물로 여러 번의 회의를 거친 뒤, 지금과 같은 '인물'을 선별하게 됐습니다.

<인물사담회>는 그 인물의 역사적 사실이나 업적을 단순히 나열하는 데 중점을 둔 것이 아닙니다. 그들의 과오와 개인적인 생활, 숨기고 싶었던 비밀까지 공개해 시청자에게 새로운 시각을 제시하려고 했습니다. 그래서 시청 후에는 자신도 모르게 한 뼘 자란 교양과 더불어, 결국 그들도 다를 바 없는 '사람'이었다는 것을 느끼도록 말이죠.

또한 수없이 쏟아지는 역사·교양 프로그램 사이에서 더 시청자 친화적인 포맷을 구성하려고, 현장 취재와 촬영, 자료 탐독, 흥미로운 그래픽 구성, 이해하기 쉽게 전달할 MC와 출연자 섭외에 주력했습니다. 방송 시간이 늦은 평일 시간대임에도 꾸준히 시청해 주시고, 재미와 교양을 갖춘 프로그램으로 수신료의 가치를 증명한다는 시청자들의 호평과 기사를 접하며 보람을 느낄 수 있었습니다.

이러한 노력이 효과가 있었는지, 시즌이 마무리될 무렵 출판사로부터 출간 제안을 받았습니다. 이렇게 책으로 만나게 될 <인물사담회>는 영상을 통해 보인 내용을 넘어 글을 통해 독자들이 마음껏 상상할 수 있는 '그 인물'을 만나게 될 것입니다.

무엇보다 <인물사담회>를 사랑해 주신 덕분에 책으로까지 발간할 기회를 주신 시청자 여러분, 깊은 애정을 가지고 참여한 모든 스태프와 EBS 프로그램에 깊은 관심을 가지고 출판을 제안해 주신 영진닷컴 관계자분들에게 다시 한번 감사의 말씀을 드립니다.

16편으로 제작된 에피소드가 이제 책으로 출판됩니다. 역사적 인물들은 많고 한 사람의 인생에는 더 많은 이야기가 있기에, 기회가 된다면 계속해서 제작하여 다음 시즌에서 뵙고 싶습니다.

이 책과 저희 프로그램을 통해 그 시대의 '그 사람'을 새롭게 만나는 충만한 경험을 하시기를 바랍니다.

핵무기에 대한 정치 외교에서부터 전기 기술까지, 스포츠 스타의 대중적 영향력에서 부터 스마트폰 문화까지, 현대 사회를 사는 우리 삶에 영향을 미치는 문제들은 온갖 분야에 걸쳐 너무나 많다. 이런 이야기를 쉽게, 그러면서도 깊게 알아갈 방법이 있을 까? <인물사담회>는 그에 대한 과감한 도전이었다. 그 도전을 성공시키기 위해서 우 리가 택한 방법은 인생이다.

문화와 예술에서 과학과 스포츠에 걸친 다양한 주제들은 모두 저마다 어렵고 복잡한 지식이 필요한 분야지만, 따지고 보면 그 지식을 만들어 내고 활용한 사람들의 작품 이라는 점, 즉 사람이 한 일이라는 점 하나는 공통점이다. 그렇기에 우리는 그 사람 들의 삶을 살펴보기로 했다. 멀리서 보면 거대한 제국을 지배한 영웅이나 심오한 과 학 지식을 풀어낸 위대한 학자의 업적 같은 것들은 평범한 사람의 생각에서 아주 멀 리 벗어나 있는 것만 같다. 그렇지만 그 영웅과 학자가 어떻게 자라나고 '어떻게 생 활해 갔는가' 하는 삶의 이야기 속에는 인생을 사는 보통 사람도 공감할 수 있는 점 이 분명히 있다. 그리고 그 공감 속에서 우리는 그들의 일과 생각을 훨씬 가깝게 느 낄 수 있을 것이다. 그렇기에 인물들의 인생을 따라가면서, 친구 걱정하듯 선후배 생 각하듯 "참 안 됐다" "나도 그런 적 있는데" "참 대단하구나"라고 공감하다 보면, 문 득 중세 유럽의 의학 발달사나 1930년대 한국 문학의 경향 같은 전문적인 주제에 대 해서도 마치 내 친구의 일처럼 저절로 관심을 갖고 알게 해주는 이야기가 <인물사담 회>였다. 온갖 신기한 지식과 재미난 사건에 대한 가벼운 이야기들이 흩날리듯이 쏟 아지는 요즘, 위인의 업적을 이야기하면서 "그 사람 참 놀라운 천재였다" "그 사람 진짜 이상한 괴짜였다"라고 그저 이상한 구경거리 전시하듯 조회수 올리려는 데 골 몰하는 이야기들은 또 얼마나 많은가? 이런 세상에서 낯설고 먼 전문 지식조차 인간 다운 사연으로, 같은 행성을 살아가는 다 같은 사람 사는 이야기로 차근차근 풀어준 <인물사담회>는 뿌듯하고 자랑스러운 프로그램이었다고 생각한다.

영화감독 또는 시나리오 작가가 꿈이었던 시절이 있다. 재능이 없다고 판단해서 마음을 접어버린 지 오래됐지만, 사건의 구조를 상상하거나 비틀면서 이야기를 만들어가는 것에는 여전히 흥미를 느낀다. 어떤 매체에서든 이야기를 만날 때면 나름대로 양념을 첨가하거나 반대 상황을 가정해 보거나 하며 즐기고 사는 편이다.

이야기는 인물을 둘러싸며 시작한다. 인물이 어떤 환경과 사건·사고, 주변인 사이에 놓였느냐 등에 따라 개연성 있게 이야기가 만들어진다. 이야기가 흘러가는 참신한 상상력에 자극받던 시절도 있었는데, 요즘은 영화를 포함한 모든 구성물에 '성의'가 있는가를 먼저 느끼게 된다. 사람들은 결국 보고 싶은 것을 보게 마련인지, 분명 아는 이야기도 눈앞에서 충실하게 확인하고, 모르는 이야기는 덤으로 만나고 싶어지게 된 것 같다. 특히 주인공이 개연성을 초월한 '특이성을 발산'하는 이야기라면 더욱 탄탄한 뒷받침이 필요하다.

<인물사담회>는 제작진들이 언제나 성의가 있다. 프로그램 전체가 1시간짜리 도슨트가 되어, 성의 있게 인물에 대해 안내하는 것을 목표로 한 듯했다. 때로는 진품명품에서 면장갑을 끼고 만지듯이 조심스럽게, 때로는 술 한잔하며 친구와 이야기를 하듯이 편안하게 구성했다. 이야기를 접하는 사람들을 특정 방향으로 이끌지도 않고, 사람들이 알면서도 보고 싶은 면을 충분히 보게 하되, 몰랐던 이야기도 기념품으로 챙겨갈 수 있도록 풍성하게 차려놓았다. 개인적으로 <인물사담회>를 진행하기 위해 사전 준비를 많이 하는 편이었는데, 그 이유는 녹화 현장에서 입체적으로 조각되는 주인공들의 모습이 일이 끝난 뒤에도 여운으로 상당히 길게 남기 때문이었다.

영상을 2배속으로 클리어하고, 사건·사고를 3줄로 요약하여 간단히 접어놓는 시대지만, <인물사담회>의 주인공들은 그들이 어떤 위대한 선택과 용기로 말미암아 그들의 시대를 관통했는지를 매우 적당한 템포로 알 수 있게 해준다. 개인적으로 가장 다시 진행하고 싶은 프로그램이 된 <인물사담회>인데, 프로그램 자체에 대한 여운이 더 길어지기 전에 새로운 시즌이 나오기를 기다려 본다.

📖 차례

일러두기

- 이 책은 EBS에서 방영된 〈인물사담회〉 방송으로 구성된 도서입니다. 각 편 마지막 부분에 방송을 다시 볼 수 있는 QR 코드를 삽입하였습니다.
- 이 책에 수록된 이미지와 자료 중 저작권자의 허락이 필요한 것은 허락받아 사용했습니다. 저작권자의 허락이 누락된 이미지와 자료의 경우 추후 절차에 따라 저작권 계약을 진행하겠습니다.
- 출처를 밝혀야 하는 이미지는 도서 마지막 부분에 출처를 작성하였습니다.
- 본문 내용 중 도서는 《 》, 영화, 소설, 방송, 그림 등의 제목은 〈 〉로 표기했습니다.

1

냉전을 녹인 바보 대통령,
미하일 고르바초프

#엇갈리는_평가 #냉전 #개혁 #떡잎부터_정치인 #노벨평화상
#우크라이나_러시아_전쟁 #소련_붕괴

Михаил Серге́евич Горбачёв

(1931.3.2.~2022.8.30.)

우크라이나-러시아 전쟁은 지금까지도 (2024년 6월) 언론을 통해 끊임없이 보도되고 있는 현재 진행형의 전쟁입니다. 민간인 희생자 수가 2만 명을 넘어설 정도로 피해가 커지고 있지만, 전쟁은 끝날 기미가 보이지 않고 있죠.

세계는 전쟁을 일으킨 러시아의 푸틴 대통령을 거세게 비판했지만, 푸틴은 이 전쟁의 장본인이 따로 있다고 말했습니다. 그는 바로 '미하일 세르게예비치 고르바초프', 구소련의 대통령입니다. 오랫동안 잊혀 있던 그가 왜 소환된 걸까요? 그 자세한 내막이 무엇인지, 아는 사람 고르바초프의 모르는 이야기. 이제 시작하겠습니다.

'아는 사람'
고르바초프

배신자 고르바초프?

고르바초프는 20세기를 살았던 한국 사람들에게는 나름 익숙한 인물일 겁니다. 노벨평화상 수상자였는지는 잘 몰라도, 이마에 작은 한반도 모양의 반점이 있었던 인물로는 기억하겠죠.

구소련의 대통령, 냉전 종식, 활발한 외교정책으로 한국과 소련의 수교를 이끌었던 인물. 러시아 국민은 고르바초프를 어떻게 평가하고 있을까요?

우크라이나-러시아 전쟁이 계속되는 상황에서, 러시아인들은 그를 어떻게 이야기하는지 모스크바에서 이야기를 들어봤습니다.

> "가장 먼저 떠오르는 이미지는 '배신자'예요. 소련을 몰락시킨 사람이죠. 독단적으로 나라를 망하게 하곤 책임을 지지 않았어요." _세르게이, 40세

> "더러운 배신자죠. 고르바초프는 국가를 붕괴시킨 반역자 중에서도 가장 악랄한 사람이에요." _미하일, 50세

> "저는 그에 대해 좋은 이미지가 있어요. 주변에서 좋은 이야기를 들었거든요." _폴리나, 16세

"고르바초프 덕분에 기회가 많이 생기긴 했어요. 동전의 양면성 같은 거죠. 일반 시민들이 해외에 나갈 수 있게 된 건 좋지만 제가 나고 자란 나라인 소련이 붕괴한 건 안타까워요."

_옥사나, 43세

세르게이와 미하일은 고르바초프에 대해 부정적이었지만, 폴리나와 옥사나는 긍정적으로 평가했습니다. 한 사람에 대한 평가가 이렇게 극단적으로 갈릴 수 있는지. 고르바초프를 향한 엇갈린 시선에는 어떠한 역사적 배경이 있었는지 지금부터 하나씩 알아보겠습니다.

냉전

고르바초프가 집권하던 시기는, 미국과 소련이 대립하던 '냉전시대'였습니다.

1939년, 제2차 세계대전 발발 당시, 미국과 소련은 연합군으로 한배를 타

제2차 세계대전 중 유럽

1947~1949년
연합군의 베를린 분할 통치

고 독일, 일본군에 맞서 싸웠습니다. 그리고 1945년, 고단한 전쟁 끝에 추축국 독일과 일본을 무너뜨리는 데 성공을 했지요. 이렇게 보면 전쟁을 계기로 사이가 더욱 끈끈해졌을 것 같은데, 미국과 소련은 어쩌다 냉전시대를 맞게 된 걸까요?

제2차 세계대전 이후, 미국과 소련은 본격적으로 사이가 틀어지기 시작했습니다. 정확히는 독일의 패망 직후 승전국인 미국, 영국, 프랑스, 소련 등 4개의 연합국이 독일 베를린을 분할해 통치하기 시작하면서부터였지요.

1947년 3월에 미국의 트루먼 대통령은 공산주의 세력 확대를 저지하겠다는 의지를 담은 트루먼 독트린을 선언합니다. 미국이 자신의 세력을 확대하는 한편, 공산주의 국가인 소련을 견제하겠다는 것이었죠. 당연히 소련은 이에 반발했습니다. 특히 베를린을 봉쇄해서 미국과 같은 서방 국가들이 서베를린을 포기할 것을 촉구하기에 이르렀습니다.

이때 미국을 중심으로 한 서방 국가들은 '북대서양조약기구(NATO)'를 만듭니다. 공산주의 세력을 견제하기 위한 것이었죠. 소련은 가만히 있지 않앉습니다. '바르샤바조약기구(WP)'를 결성해 NATO에 대항했습니다. 이후 미국이 소련을 견제하면 소련이 다시 미국을 견제하는 일이 반복됐고, 이는 둘 사이의 싸늘한 분위기로 이어졌습니다. 말 그대로 냉전이었습니다.

미국과 소련의 냉전이 계속되는 40년 동안 세계 곳곳에서 굵직굵직한 사건들이 줄지어 일어났습니다. 베트남전쟁, 쿠바 미사일 위기 그리고 여기에 미국과 소련이 직접 개입한 한국전쟁도 있었습니다. 서로에게 핵무기로 보복하겠다고 경고할 정도로 냉전의 입김이 거셌죠. 하루하루가 일촉즉발인 상황이어서 미국과 소련 국민뿐만 아니라 세계 모든 사람들이 긴장할 수밖에 없었습니다.

냉전은 과학 분야에까지 영향을 끼쳐 우주전쟁으로까지 이어졌습니다. 1957년 소련이 세계 최초로 인공위성 '스푸트니크'를 발사하는 데 성공하자, 미국은 이에 질세라 1969년, 유인우주선을 달에 최초로 착륙시켰죠. 이렇게 두 나라가 번갈아 우주 개발에 성과를 올리면서 우주의 패권도 차지하려는 경쟁이 더욱 심해졌습니다.

심지어 스포츠도 냉전을 피해 갈 수 없었습니다. 1980년 모스크바올림픽이 열리자, 미국을 주도로 한 서방 국가들이 보이콧을 선언했습니다. 우리나라도 이때 보이콧에 동참해 올림픽에 참가하지 않았죠. 이후 1984년 미국 LA에서 올림픽이 열렸을 때는 소련을 중심으로 한 공산주의 진영 국가들이 보이콧했습니다.

이처럼 답 없이 꽁꽁 얼어붙기만 했던 냉전시대. 얼어붙은 장벽을 녹이기 시작한 인물이 고르바초프입니다. 그가 소련의 지도자가 되면서 냉전의 양상은 새로운 전환점을 맞이하게 됩니다. 그는 미국과의 군사적 대립을 완화하고자 하는 정책을 적극적으로 추진했습니다. 1980년대 중반, 고르바초프는 레이건 미국 대통령과 여러 차례 회담을 하고, 군비 축소와 핵무기 제한 협정 등을 논의하며 긴장을 완화하려 했습니다.

그리고 이와 같은 노력은 한반도 문제에도 영향을 미쳤습니다. 특히 1986년, 북한의 김일성이 고르바초프를 만나 소련의 88 서울올림픽 참가 여부를 논의하면서, 냉전의 실타래를 대화로 풀 수 있다는 것을 보여줬습니다. 훗날 고르바초프가 밝히기를, 당시 김일성의 가장 큰 관심은 오직 소련의 88 서울올림픽 참가 여부였다고 합니다. 그는 88 서울올림픽은 한반도의 분단을 확립하려는 제국주의의 음모라며 소련이 참가하지 않기를 요청했습니다. 그러나 고르바초프는 소련의 굳은 참가 의지를 보였죠. 이에 김일성이 서울과 평양이 올림픽을 50 대 50으로 공동주최해 최소한 축구 경기만이라도 평양에서 열릴 수 있도록 협조해 달라고 부탁하니, 고르바초프는 이렇게 답을 했다고 합니다.

88 서울올림픽
사이클 단체 추발에
참가한 소련팀

결국 1988년 서울올림픽에 미국과 소련이 참가하면서 화합의 장이 이루어질 수 있었습니다. 그리고 1990년, 한국과 소련은 공식적으로 외교 관계를 수립하며 오랜 적대 관계를 끝내고 새로운 시대를 열었습니다. 이듬해인 1991년에는 고르바초프가 한국을 방문하여 노태우 대통령과 제주도에서 정상회담을 가졌습니다. 이 회담에서 한반도의 평화 정착과 아시아 태평양 지역 협력 강화가 주요 의제로 다뤄졌고 양국은 경제·문화·기술 교류 등 다양한 분야에서 협력을 확대하기로 합의했습니다. 한국과 소련의 관계 개선은 소련의 경제 재건과 국제적 고립 탈피에 중요한 역할을 했습니다.

고르바초프의
'모르는 이야기'

콤바인과 모스크바대학교

고르바초프의
젊은 시절 모습

러시아의 모스크바대학교는 250
년 이상의 역사를 자랑하는 세계적인
종합대학입니다. 다양한 학부와 연구
소를 갖추고 있으며, 여러 노벨상과
필즈상 수상자를 배출한 곳으로도 유
명하죠. 고르바초프는 이 명문 대학

출신입니다. 그런데 그는 필기시험도, 면접도 치르지 않고 입학했다고 합니
다. 설마 입시 비리는 아니었을 테고, 어떤 방법으로 모스크바대학교에 들어
간 걸까요?

고르바초프는 1931년 소련 남부 스타브로폴의 작은 농촌 마을에서 태어
나, 콤바인 기사를 하며 유년 시절을 보냈습니다. 당시에는 농장에서 성과를
많이 올린 노동자에게 훈장을 수여했습니다. 그중에서도 최고 등급인 노동적
기훈장을 받는 것이 큰 영예였죠. 러시아의 광활한 토지에서 콤바인으로 곡
식을 수확하며 탈곡하는 일은 시간이 많이 소요됐음에도, 어린 고르바초프는

불평 한마디 없이 콤바인을 운전했습니다. 그는 성실함을 인정받아 노동적기 훈장이라는 최고의 영예를 받았고, 이 훈장을 통해 특별 전형으로 대학에 입학할 수 있었습니다. 지금의 우리나라로 치면 일종의 지역 할당 인재 등용 제도와 유사한 방식이었다고 할 수 있죠. 고르바초프는 필기시험과 면접 없이 '콤바인 특기생'으로 대학에 입학한 것입니다.

고르바초프는 그의 고향에서 모스크바대학교에 입학한 최초의 사람이었습니다. 작은 마을 출신이 명문대에 들어갔으니 마을 전체가 거의 축제 분위기였죠. '콤바인 특기생'이라서 그의 입학이 평범해 보일 수 있으나, 그가 똑똑했던 것도 사실입니다. 어린 시절부터 시사에 관심이 많았고, 일하면서도 독서를 소홀히 하지 않았으며, 신문을 통해 국제 정세를 익혔습니다. 이러한 영민함 덕에 그는 지역 사회에서 유명한 신동으로 알려졌고, 마을에 문제가 발생하면 어른들이 그를 찾아가 조언을 구하기도 했다고 합니다.

🔲 러브 인 모스크바

대학생이 된 고르바초프는 인생에서 가장 중요한 사람을 만납니다. 그의 이름은 '라이사 티타렌코'.

라이사가 고르바초프보다 한 살 연하였고, 둘은 같은 대학 동기였습니다. 당시 라이사는 모스크바대학교에서 이미 유명한 미인이었고, 많은 남학생이 그에게 불나방처럼 몰려들었습니다. 물론 고르바초프도 그 불나방 중 한 명이었죠. 고르바초프는 그의 자서전에서 라이사를 처음 만난 당시를 이렇게 회상하고 있습니다.

" 그녀는 내게 아무런 관심도 보이지 않았다. 나는 첫눈에 반했다는 사실을 그
 녀가 눈치채지 못하게 하느라 가슴이 두근거렸다."

고르바초프도 모스크바대학교에서 인기가 많은 미남이었기에 라이사 역
시 그에게 끌릴 만했지만, 사실 라이사에게는 다른 사람이 있었습니다. 당시
소련에서 문화가 가장 발달한 곳은 발트해 지역이었는데, 라이사는 발트해
지역 명문가 출신의 모스크바대 학생과 사귀고 있었습니다. 남자 쪽에서 시
골 출신인 라이사의 배경이 마음에 들지 않아 교제를 반대하던 상황이었고
요. 결국, 그들은 헤어지게 됩니다.

고르바초프에겐 이 순간이 운명적인 기회였습니다. 연인과 헤어진 라이
사가 마음의 상처를 안고 있을 때 고르바초프는 그녀에게 자신의 열정적인
마음을 표현했고 라이사의 마음을 사로잡는 데 성공했습니다. 라이사는 고르
바초프의 진심 어린 마음과 그가 보여준 지지와 애정에 감동했고, 그녀는 점
차 그에게 마음을 열었습니다. 이렇게 두 사람의 감정이 빠르게 발전하면서,
두 사람은 대학을 졸업하기도 전에 결혼에 골인하게 됩니다.

고르바초프와 라이사,
1977년 프랑스

라이사와의 결혼은 고르바초프의 정치에 영향을 줬습니다. 라이사는 졸업 후 대학에서 마르크스주의 철학을 가르쳤고, 남편이 소련의 지도자가 되면서부터 고르바초프와 함께 공개 석상에 모습을 보였습니다. 권력자의 부인이 공개 석상에 나타난 것은 소련 역사상 최초의 일이며 소련 사회에서 파격적이고 신선한 행보였습니다. 라이사는 1989년에 세계 혈액학 협회 기부 활동을 적극적으로 추진했을 뿐만 아니라, 여성의 정치참여를 독려하고 아동인권 문제를 가시화하기 위한 단체도 설립했습니다. 그의 이러한 모습은 고르바초프의 정치적 이미지에 긍정적으로 작용했고, 그가 추진한 개혁과 개방 정책에 대한 대중의 지지를 얻는 데도 일조했습니다.

📖 머리카락 덕에 서기장이 됐다?

소련(러시아)의 최고 지도자에게는 흥미로운 법칙이 존재합니다. 일명 '대머리/안 대머리(Bald-hairy)' 법칙이라고 하는데, 소련(러시아)에는 대머리인 지도자와 대머리가 아닌 지도자가 번갈아 가며 통치하는 패턴이 이어졌다고 합니다. 제정 러시아의 마지막 차르인 니콜라이 2세부터 시작된 이 패턴은 약 200년 동안 예외가 없었다고 하죠. 머리카락이 없는 고르바초프에 이어 옐친은 머리카락이 있었고, 현재의 푸틴 대통령이 머리카락이 없다는 것을 고려하면, 다음 지도자는 머리숱이 풍성할 가능성이 높다는 재미있는 추측을 해볼 수 있습니다.

하지만 머리카락의 법칙과는 별개로 지도자가 되기 위해서는 반드시 뛰

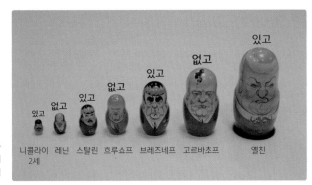

러시아의
'대머리/안 대머리' 법칙

어난 능력이 필요하겠죠. 고르바초프는 대학을 졸업한 뒤에 모스크바에 남지 않고 비교적 정치 주목도가 낮은 고향으로 돌아가서 자신의 정치 기반을 다져나갔습니다. 그렇게 1971년에 지방당 서기로 선출됐는데, 이는 미국의 주지사 직위에 해당하는 중요한 역할이었습니다.

소련을 움직이는 핵심 권력기관 중 하나는 KGB였습니다. 이 정보기관 겸 비밀경찰은 자국민 감시 및 통제와 함께 대외 첩보활동을 주도했습니다. 이러한 KGB 내부의 권력자들이 고르바초프의 잠재력에 주목하기 시작했습니다. 당시 소련 사회에서는 많은 이들이 연줄을 활용하거나 뇌물을 주는 등 비정상적인 방법으로 자신의 지위를 향상하려고 애썼습니다. 그러나 고르바초프는 이러한 환경 속에서도 변함없이 우직하고 성실한 태도를 보였고, 이러한 성품과 능력이 KGB 권력자들의 호감을 얻었습니다. 이렇게 고르바초프는 중앙 정치 무대로 진출하는 기회를 얻었으며, 결국 1985년에는 소련 공산당의 최고 지도자인 당 서기장의 자리에 올라 국가원수급의 지위를 확보하게 됩니다. 고르바초프의 당 서기장 취임은 소련 내부뿐만 아니라 전 세계적으로도 중요한 변화의 시작을 알리는 신호탄이었습니다.

🔲 고르바초프의 꿈

1985년, 고르바초프는 소련 내에서 해결할 문제가 산적한 상태에서 국가원수에 해당하는 당 서기장이 됐습니다. 그는 소련을 이끌기 위해 두 가지 정책을 내세웠습니다. '페레스트로이카(перестрóйка)', '글라스노스트(глáсность)'. 각각 '개혁', '개방'이라는 뜻입니다. 소련의 체계를 바꾸려는 고르바초프의 의지가 담긴 정책이었죠. 그는 페레스트로이카를 다음과 같이 설명했습니다.

> " 각자 자신의 일을 성실하게 하는 게 페레스트로이카입니다.
> 타인을 돕고 타인의 짐을 나눠서 지는 것. 그것이 사회주의 정신이죠. "

개혁이라는 거창한 단어를 사용했지만 실제로는 개인이 서로를 도우며 성실하게 일하는 것부터 시작하면 된다는 의미입니다. 공동체 내에서 모두가 함께 일한 결과를 평등하게 나누어 가지려는 이념으로, 각자가 열심히 일해 소련이라는 큰 공동체를 발전시키고자 했던 것이죠. 이처럼 그는 공산주의자로서 이념에 대한 확고한 믿음이 있었습니다.

냉전 상황에서 자국의 개혁과 개방을 위해 그가 상대해야 할 사람은 미국의 레이건 대통령이었습니다. 레이건은 열렬한 반공주의자인 동시에 핵무기에 적극적으로 반대한 인물이었죠. 공산주의자 고르바초프와 자본주의자 레이건의 만남. 이것이 1985년 스위스 제네바에서 열린 미소 정상회담입니다. 고르바초프는 여기서 미국과의 화해를 통해 군비 감축을 요구하려고 했습니다. 당시 소련의 경제 규모는 미국의 절반에 못 미쳤지만, 군사비 지출은 미국과 비슷했습니다. 이로 인해 민생경제는 점점 악화됐고, 이에 더 이상의 경쟁적인 지출을 중단해야 한다고 결정한 것이죠. 하지만 그와 레이건 사이에 의견이 대립하면서 회담장 분위기가 냉랭해졌고, 서로에 대해 비난이 난무하며 협상은 교착상태에 빠지고 말았습니다. 이때 레이건이 던진 말이 지금까지도 유명한 일화로 남아있습니다.

"같이 걸을까요?"

이후 두 사람과 참모들이 회담장 주변을 산책했습니다. 덕분에 분위기가 한결 가벼워졌죠. 산책을 마치고 돌아온 고르바초프와 레이건은 참모들을 모두 내보낸 뒤 벽난로 불을 쬐며 회담을 이어갔습니다. 이렇게 탄생한 것이 그 유명한 '벽난로 회담'입니다. 따뜻한 분위기로 얼어붙어 있던 두 나라의 관계가 녹아내렸고 편안한 분위기에서 협상을 끝낼 수 있었습니다.

1987년 12월 회담에서 시작된 논의는 아주 중요한 조약인 중거리 핵전력

고르바초프와 레이건의
벽난로 회담

조약 체결로 이어졌습니다. 중거리 미사일 폐기에 관한 것이었죠. 이로써 핵무기를 감축하겠다는 미국과 소련의 역사적인 합의가 이루어진 것입니다.

고르바초프는 협상을 잘 마무리하는 것에 그치지 않고, 미국과 소련 사이에 더 확실한 화해 분위기를 조성하기 위해 '유럽 공동의 집(Common European Home)'이라는 개념을 제안했습니다. 유럽 공동의 집은 유럽을 동과 서로 나누지 말고 하나의 큰 집으로 생각하자는 아이디어로, 유럽 구성원으로서 서로 싸우거나 배신하지 않겠다는 약속을 전제로 하고 있습니다. 유럽 공동의 집은 이후 독일통일에 결정적 역할을 하게 됐고, 이 공로를 인정받아 1990년, 그는 노벨평화상을 수상했습니다.

고르바초프는 페레스트로이카를 위해 구체적으로 어떤 정책을 추진했을까요? 이전에는 국가가 경제의 모든 분야를 관리했지만, 이제는 민간 차원의 창업을 적극적으로 장려했습니다. 국가 중심 경제에서 시장이 과도하게 비대해지고 둔화되었기 때문에, 그는 민간기업의 창업을 통해 시장에 새로운 활력을 불어넣으려 했습니다.

다음으로는 자유시장경제와 정부의 규제 및 개입이 결합된 부분적 시장경제를 도입했습니다. 모스크바에 맥도날드 1호점이 들어선 것도 바로 이때입니다. 개장과 동시에 사람들이 몰려들어 가게 앞이 문전성시를 이루었죠. 이후 32년 동안 자리를 지켰지만 우크라이나-러시아 전쟁이 시작되자 매장이 철수됐습니다.

고르바초프는 공산당의 일당제를 포기하고 다당제를 도입하며 민주화에도 힘썼습니다. 당시 그는 소련의 최고 지도부에 해당하는 역할인 당 서기장이었지만, 정부가 공산당보다 더 중요한 역할을 해야 한다고 믿었습니다. 그

최초로 모스크바에
입점한 맥도날드

래서 소련 공산당 당 서기장직을 사임하고 대통령제를 수립했죠. 이후 그는 소련 대통령선거에 출마해 대통령에 당선되었습니다.

당 서기장으로 취임한 이후부터 대통령이 되기까지 고르바초프는 페레스트로이카와 글라스노스트를 내세워 국내 경제의 활성화와 냉전 종식을 위해 힘썼지만, 이러한 개혁은 고르바초프의 뜻대로 쉽게 이루어지지 않았습니다. 기존 체제를 바꾸기 위해 노력할수록 반대파의 공격이 매서워졌기 때문이죠. 그럼에도 불구하고 고르바초프가 끝까지 개혁과 개방을 이끌고 나가야겠다고 다짐하게 된 큰 사건이 있었습니다.

📖 체르노빌원전사고

1986년, 평화롭던 우크라이나 소비에트 사회주의 공화국의 키에프(현 우크라이나 키이우주)에서 참사가 벌어졌습니다. 체르노빌원자력발전소에서 실험을 하다가 비정상적인 핵반응이 일어났고, 결국 원자로가 폭발해버린 것입니다. 그 위력은 원자로의 천장이 완전히 파괴될 정도로 엄청났고, 방사성 물질이 대량으로 유출됐습니다.

이 사고의 영향이 얼마나 컸던지 유럽의 스웨덴과 핀란드까지 높은 수준의 방사능이 검출되었다는 기록이 있습니다. 하지만 소련 정부는 핵과 방사능의 위험성을 제대로 인지하지 못했고, 자신들의 책임이 두려워 사고를 숨기려 했습니다. 그러니 그 피해는 더욱 커질 수밖에요. 전 세계의 관심이 체르노빌에 쏠리는 상황에서 고르바초프는 결단이 필요했습니다. 처음에는 다른 관료들처럼 사건을 감추려고 했지만, 사고를 숨기는 것으로 문제를 해결할 수 없다고 생각하고 '공식 사과'를 결정했습니다. 내부의 반대를 무릅쓰고 서방에 사고를 알리고 공식적으로 사죄를 한 것이죠.

체르노빌원전사고 이후 폐허가 된 프리피야트의 놀이공원

고르바초프는 체르노빌원전사고를 통해 명확한 메시지를 깨달았습니다. 소련의 구시대적인 체제와 폐쇄적인 정책이 얼마나 큰 위험을 초래할 수 있는지를 생생하게 본 것이죠. 더욱더 개방적이고 투명한 정부 운영의 필요성을 느낀 고르바초프는, 이후 페레스트로이카와 글라스노스트 정책을 더 강력하게 추진하게 됩니다.

페레스트로이카의 명과 암

고르바초프의 강력한 개혁 정책에는 부작용도 뒤따랐습니다. 고르바초프의 정책이 역효과를 일으킨다고 느낀 대중이 반발한 것인데, 그중 하나가 '금주 정책'으로 1985년 보드카 생산과 판매를 억제한 정책이었죠. 보드카는 러시아 사람들이 좋아하는 매우 독한 술로 잘 알려져 있습니다. 러시아어로 '물'이라는 뜻의 '보다(Voda)'에서 유래했을 만큼, 술을 물처럼 마시는 나라에서 금주 정책이라니, 반발은 피할 수 없었습니다.

그는 국민의 반발뿐 아니라 보드카에 부과된 세금의 손실도 감수해야 했습니다. 러시아제국 시절부터 주요 재정 수입원이었던 보드카 세금은 소련 시대에도 이어지고 있었죠. 하지만 고르바초프는 이 주세를 과감하게 포기하고 재정 손실로 인한 적자예산과 경제적 불안정을 감당하기로 한 것입니다.

국민의 반발과 재정 손실을 초래할 것을 모를 리 없었을 텐데, 그는 왜 금주 정책을 밀어붙인 걸까요? 소련에서 알코올중독 문제가 아주 심각했기 때문입니다. 한창 일할 나이에 술에 찌들어 폐인이 되고, 일을 하지 못하는 사람들이 많았습니다. 그 당시 알코올중독자가 약 500만 명이나 됐다고 하니 얼마나 심각했는지 짐작할 수 있겠죠.

금주 정책에는 다음과 같은 것들이 있었습니다. 주류 판매 시간 제한, 공공장소에서 음주 시 벌금 부과, 음주 가능 나이 상향 조정. 여기에 금주 캠페인의 일환으로 발행한 우표가 있었는데, 우표의 문구가 인상적입니다.

"맨정신 상태가 정상입니다!"

_____

1985년 금주 캠페인의
일환으로 발행된 우표

고르바초프의 과감한 금주 정책은 효과가 있었습니다. 먼저 사망률이 감소했고, 강제로 술을 덜 마시게 하니 국민들은 이전보다 건강해졌죠. 그 결과 자연스럽게 산업생산성과 출생률도 증가했습니다.

반면 부작용도 나타났습니다. 보드카를 금지하니 술을 몰래 만드는 '밀주'가 성행했습니다. 범죄를 막으려 하니 행정 비용이 증가했고 정부가 개인의 자유를 침해한다고 느낀 시민들의 반발에 직면해야 했습니다. 또한 집에서 술을 만들기 위해 설탕을 대량으로 사용하면서 설탕 품귀 현상까지 발생했고 이는 물가상승으로 이어졌습니다.

금주 정책의 부작용은 고르바초프가 시행한 또 다른 중대한 정책이었던 화폐개혁의 실패와 맞물려 국민의 불신과 불만을 더욱 키웠습니다. 화폐개혁은 물가상승을 억제하고 경제를 안정시키려는 목적에서 출발했으나, 계획이

사전에 유출되면서 기득권층은 자신들의 이익을 보호하기 위해 대비책을 마련할 수 있었죠. 그에 반해 일반 국민은 이러한 정보에 접근할 수 없었기 때문에, 대다수에게 화폐개혁은 실질적으로 아무런 의미가 없는 조치가 되어버렸습니다. 정부의 인플레이션 억제 노력이 계속 실패하면서 국민의 정부에 대한 신뢰는 급격히 하락했습니다.

결과적으로 고르바초프의 금주 정책과 화폐개혁 모두 단기적으로 긍정적 효과를 초래했음에도 불구하고, 장기적으로는 국민의 신뢰를 상실하고 경제적 혼란을 가중하는 부작용을 낳았습니다. 이러한 일련의 정책 실패는 고르바초프의 개혁 정책 전반에 대한 국민의 신뢰를 잃는 결과를 초래했으며 결국 그의 정치적 입지가 약화되는 주된 요인 중 하나가 됐습니다.

쿠데타와 소련 붕괴

대중의 비난이 고르바초프에게 향하고 있던 1991년의 어느 날, 연방 국가였던 소련에 위기가 닥칩니다.

당시 고르바초프는 크림반도에서 휴양 중이었습니다. 이 시기는 조지 W. 부시 미국 대통령의 아버지이자 미국의 41번째 대통령인 조지 H.W. 부시 대통령과 고르바초프가 장거리 핵무기 감축에 관한 미소 전략무기 감축 협정(STARII)을 체결한 직후였는데, 고르바초프가 자리를 비운 틈을 타 쿠데타가 일어난 것입니다. 체제 개혁과 기득권 침해에 반발한 강경파 정치인들이 주도한 것이었죠. 당시 쿠데타에 가담한 부통령 겐나디 야나예프는 고르바초프

1991년 8월 22일
러시아 민주주의 승리
기념 집회에서 옐친

대통령이 지병으로 더 이상 임기를 지속할 수 없게 됐다고 대국민 연설을 했습니다. 물론 조작된 내용이었습니다.

고르바초프는 휴가 장소였던 크림반도에 감금된 상태에서 이 사실을 알게 됐습니다. 건강 악화에 관한 이야기가 조작된 것임을 알리기 위해 그는 자신의 상황을 찍은 비디오테이프를 밖으로 몰래 내보냈고, 다행히 모든 상황이 헌정 질서를 파괴하려는 음모임을 알릴 수 있었습니다.

하지만 쿠데타군은 대통령 관저인 크렘린궁전까지 점령해 정부 기능을 마비시켰습니다. 이때 새로운 인물이 등장했는데, 그 사람이 탱크 위에 올라선 사진으로 유명한 '보리스 니콜라예비치 옐친'입니다. 그는 쿠데타군을 물리친다며 탱크 위에 올라가 연설했고 많은 사람에게 '카리스마 있는 리더의 모습'을 각인시켰습니다.

쿠데타를 막은 옐친이 민주주의의 아이콘으로 떠오르면서 대중의 지지가 그에게 쏠렸습니다. 반면 쿠데타는 진압됐지만 고르바초프 정권의 권위는 크게 약화했고 고르바초프에 대한 신뢰도 하락했죠. 게다가 소련이 혼란한 틈을 타 발트해 국가들이 독립을 추구하기 시작했습니다.

발트해 국가들은 오랫동안 독립을 갈망했고, 소련의 중앙통제에 반발해 왔습니다. 이들 국가는 쿠데타 사건 후 옐친의 지지를 받아 독립을 강하게 추진했습니다. 우크라이나도 이러한 분위기 속에서 독립을 선언하며 소련으로부터의 이탈을 결정했습니다.

옐친은 각 공화국의 자치와 독립을 지지하여 연방 체제를 해체하고 러시아를 중심으로 한 새로운 체제를 구축하려 했습니다. 그는 이 과정을 통해 자신의 정치적 입지를 강화하고자 했죠. 이러한 흐름 속에서 소비에트연방은 결국 해체됐고, 권력을 잃은 고르바초프는 대통령직에서 물러나게 됩니다. 다음은 고르바초프의 사임 연설 중 일부입니다.

> **"** 존경하는 국민 여러분, 새로운 조약에 따라 독립국가연합이 탄생했기 때문에 저는 소련 대통령으로서의 집무 수행을 중단합니다. **"**

고르바초프의 사임은 소련의 종말을 알리는 상징적인 사건이었습니다. 그의 개혁 정책인 페레스트로이카와 글라스노스트는 소련의 민주화를 촉진하고 냉전을 종식했지만, 결과적으로는 체제 붕괴로 이어졌습니다. 이후 러시아는 급격한 변화를 겪으며 새로운 길을 모색하게 됩니다. 고르바초프의 퇴진으로 소련의 역사는 막을 내렸지만, 동시에 새로운 시대의 서막이기도 했습니다. 고르바초프는 사임 연설을 통해 평화와 협력의 중요성을 강조하며 소련 국민에게 미래에 대한 희망과 결의를 당부했습니다. 이로써 70여 년간 이어져 온 소련의 역사가 막을 내리고 독립국가연합이라는 새로운 시대가 열리게 되었습니다.

📘 소련 해체, 그 이후

소련 해체 후, 권력을 잃은 고르바초프의 존재는 서서히 잊히기 시작했습니다. 그는 은퇴 후 어떻게 살았을까요?

모스크바 외곽의 전원주택에서 두문불출하며 조용히 살던 고르바초프는, 어느 날 충격적인 모습으로 언론에 등장해 사람들을 놀라게 했습니다. 그가 광고에 출연한 것입니다. 1997년에는 루이비통, 그리고 2007년에는 피자헛. 그의 파격적인 행보에 세계가 놀랐습니다. 광고주는 세계가 하나 되어 이 제품을 즐기고 있다는 것을 보여주고 싶었던 걸까요? 공산주의의 상징적인 인물이었던 고르바초프를 내세운 덕분인지 광고 효과는 기대 이상이었습니다.

사실 고르바초프가 광고에 출연하게 된 배경에는 여러 이유가 있었습니다. 그는 퇴임 후에 받는 연금이 있었지만 인플레이션으로 인해 그 가치가 크게 떨어졌고, 옐친 정부의 냉대를 받기도 해서 경제적으로 어려움을 겪었다고 합니다. 여기에 자신의 이름을 딴 재단을 설립해 반전·평화운동 및 환경보호 활동을 지원하고 있어서 자신의 생활비 이상의 재정이 필요한 상황이었습니다. 그가 광고모델로 활동한 것은 이러한 비용을 충당하기 위해서였던 겁니다.

그리고 그의 파격적인 행보 사이에 가슴 아픈 일도 있었습니다. 1999년, 아내 라이사가 백혈병으로 먼저 세상을 떠났습니다. 이후 20여 년간 그는 홀로 살아야 했습니다. 풋풋한 대학 시절에 만나 46년을 함께했던 두 사람. 아내가 떠나자 그는 "내 삶의 중요한 의미를 잃었다"라며 슬퍼했다고 합니다.

자신의 노력이 실패로 평가받으며 초라한 말년을 보내야 했던 고르바초프는 자신의 정치 인생을 후회하지 않았을까요? 생전 고르바초프는 인터뷰에서 이렇게 말했습니다.

> "페레스트로이카가 불러온 긍정적, 부정적 결과는 모두 있습니다.
> 그러나 페레스트로이카는 러시아에 자극을 줬고 전 세계에 시동을 거는 역할
> 을 했습니다. 후회하지 않습니다." _2017년 10월 자서전 출판기념회

2018년에는 한 다큐멘터리 기자가 고르바초프에게 만약 세상을 떠난다면 묘비에 뭐라고 남기고 싶은지 물었습니다. 고르바초프는 이렇게 대답했죠.

> "아직 정하지는 못했지만, 세상을 떠난 친구 묘비에 있던 문구가 생각납니다.
> '우리는 노력했다'" _〈고르바초프를 만나다〉 중

고르바초프와 푸틴

2022년 8월 30일, 고르바초프는 오랜 투병 끝에 91세의 나이로 사망했습니다. 그리고 같은 해 9월 3일, 그의 장례식이 있었습니다. 블라디미르 푸틴 대통령은 국가원수로서 조문은 했으나 장례식에는 참석하지 않았습니다. 또한 장례식에 경호대를 보내 예우는 갖췄지만, 국장으로는 치르지는 않았습니다. 푸틴이 과거 우크라이나-러시아 전쟁의 원인으로 고르바초프를 지목했기 때문에 그런 걸까요?

푸틴의 궁극적인 목표는 강력한 러시아의 재건이었습니다. 소련 시절, 미국과 어깨를 나란히 하며 세계를 좌우했던 강대국으로서의 영광을 되찾고자 하는 것이 그의 열망이었죠. 이러한 맥락에서 푸틴은 소련을 해체하고 우크

라이나가 독립하도록 주도한 인물로서 고르바초프를 지목했습니다.

더 나아가 푸틴 대통령에게 있어 러시아를 둘러싼 최대의 안보 위협은 북대서양조약기구(NATO)가 러시아 방향으로 확장하는 것이었습니다. 푸틴은 NATO가 러시아에 점점 가까워지는 것을 엄청난 압박이자 위기로 인식했습니다. 이러한 배경에서, NATO의 확장을 방치한 인물이 고르바초프라고 여기며 그에 대한 비판을 가했습니다.

고르바초프는 독일통일 당시 미국으로부터 NATO가 러시아 쪽으로 확장되지 않게 하겠다는 구두 약속받았다고 믿었습니다. 그러나 이 약속이 문서로 만들어지지 않았다는 점에서 큰 오류를 범한 것이죠. 약속이 명문화되지 않아서 러시아의 일부로 간주하던 우크라이나가 NATO 가입을 시도할 수 있었고, 러시아가 이를 저지하려 하면서 우크라이나-러시아 전쟁이 발발한 것입니다.

러시아가 미국과 대립하는 것 자체는 고르바초프와 푸틴 사이에 의견 차이가 없었습니다. 그러나 고르바초프는 이 대립의 해결 방식이 한 국가의 주권을 침해하는 방식으로 나타나는 것은 분명 잘못된 것으로 생각했습니다. 특히 러시아의 우크라이나 침공에 대한 고르바초프의 비판은 두 사람 사이에 냉랭한 분위기를 조성했습니다.

그렇지만 푸틴이 고르바초프의 장례식에 참석하지 않은 것은 개인적 악감정 때문만은 아니었습니다. 당시 러시아 국민 사이에 고르바초프에 대한 인식이 매우 차가웠고, 그의 평가가 좋지 않았기 때문에 푸틴 대통령으로서는 정치적 부담을 감수하며 국장을 지원할 필요가 없다고 판단한 것입니다.

푸틴 대통령의 결정은 정치적 현실과 국민 정서를 고려한 것이지만, 고르바초프의 업적을 완전히 지우지는 못할 것입니다. 고르바초프는 냉전의 긴장을 완화하고 세계 평화를 추구한 지도자로, 우크라이나-러시아 전쟁 소식에 깊은 슬픔과 안타까움을 느꼈을 것입니다. 그는 평생 대화와 협상으로 갈등을 해결하려 했으며, 폭력이 아닌 평화를 추구했습니다. 고르바초프의 비전과 용기는 여전히 많은 이들에게 영감을 줍니다. 비록 평가가 엇갈리더라도, 그는 역사의 중요한 전환점에서 새로운 길을 연 인물로 기억될 것입니다. 그의 삶은 우리에게 변화를 두려워하지 말고 끊임없이 더 나은 미래를 향해 노력해야 한다는 교훈을 남겼습니다.

다시 보는 고르바초프, 평화와 개혁

우크라이나와 러시아 사이의 전쟁이 이렇게 장기화될 것이라고는 아무도 예상하지 못했습니다. 몇 년이 지난 지금도(2024년 6월) 종결될 기미가 보이지 않는 상황에서, 푸틴 대통령은 핵 위협까지 공개적으로 언급하고 있습니다. 반면 젤렌스키 우크라이나 대통령은 서방의 무기 지원을 약속받고 저항을 지속하고 있습니다. 이러한 상황은 과거 냉전시대의 대리전을 연상시키며 세계는 새로운 냉전으로 접어들고 있는 건 아닌지 우려하고 있습니다.

푸틴의 말처럼 이 전쟁의 장본인을 정말 고르바초프라고 할 수 있을까요? 그는 냉전시대에 누구보다 평화를 추구한 인물입니다. 소련을 보다 민주적이고 개방적인 나라로 체질을 개선하면서, 당장이라도 전쟁이 터질 것 같던 미국과의 냉전 상황을 해소하려고 노력했죠. 하지만 이 과정에서 소련 내부의 긴장과 분열로 소련이 붕괴했고 이때 우크라이나가 소련으로부터 독립한 후 서방과의 관계를 강화하려 했습니다. 이는 러시아의 강한 반발을 불러일으켰고 결국 전쟁으로 번지게 된 것입니다.

자신이 바라던 평화로운 세계와 달리, 고향이 전쟁에 휩싸이는 상황을 목격해야 했던 그의 심정은 어땠을까요? "우리는 노력했다"라는 그의 말처럼 평화를 향한 노력은 성공 여부와 관계없이 중요한 가치가 있을 것입니다.

고르바초프의 평화에 대한 열망은 그의 개인적인 이상만이 아닌, 전 세계인에게 전해진 희망의 메시지였습니다. 그는 냉전의 어두운 그림자에서도 빛을 찾아내어 더 나은 미래를 꿈꾸었습니다. 오늘날 우리가 직면한 전쟁과 갈등 속에서도 그의 노력과 신념을 기억하며, 평화를 위한 작은 발걸음을 내디뎌야 합니다. 고르바초프의 노력은 우리 모두가 함께 만들어 가는 평화의 역사에 중요한 밑거름이 될 것입니다.

2

당신은 테슬라를 모른다,
니콜라 테슬라

#테슬라_자동차 #직류_교류 #라이벌_에디슨 #엄친아 #전류_전쟁 #과학자_정신
#괴짜 #쓸쓸한_말년

Никола Тесла

(1856.7.10.~1943.1.7.)

　전기 없는 삶, 상상할 수 있을까요? 전기밥
솥으로 밥을 지을 때도, 추운 겨울 물을 데워
샤워할 때도, 인터넷 영상을 볼 때도 모두 전
기가 필요하죠. 책을 읽고 있는 이 순간에도
전기를 쓰고 있겠죠?

　'전기로 유명한 과학자' 하면 생각나는 인
물은 누구인가요? 토머스 에디슨은 많이 들어
봤어도, 니콜라 테슬라는 잘 모를 수 있습니
다. '괴짜'라고 소문났던 어린 시절부터 그 유
명한 에디슨과의 대결까지. 테슬라가 전기를
얼마나 혁명적으로 발전시켰는지, 테슬라의
아는 이야기와 모르는 이야기를 함께 알아봅
시다.

'아는 사람'
테슬라

📖 아는 이름 '테슬라'

　'테슬라'하면 유명한 전기 자동차 브랜드 '테슬라(Tesla)'나 '테슬라코일 (Tesla coil)'을 떠올리시겠죠. 여기서 '테슬라'는 19세기에 유명했던 발명가의 이름입니다.

　전기 모터와 배터리 기술의 발전에 큰 영향을 준 니콜라 테슬라. 일론 머스크와 테슬라의 공동 창업자들은 전기차 회사의 비전과 목표가 니콜라 테슬라의 혁신 정신과 일치한다고 여겼고 그의 이름을 따서 회사 이름을 '테슬라'로 정했다고 합니다.

　테슬라의 혁신 정신이 얼마나 대단했기에 그의 이름을 브랜드 이름으로 삼은 것일까요? 19세기 얼굴 천재, 패셔니스타, 위대한 과학 천재, 발명 천재, 자기장 국제단위에 이름을 올리고, 한 나라의 화폐에 얼굴을 새긴 최고의 발명가 테슬라가 남긴 업적들과 치열했던 그의 삶을 들여다보도록 하겠습니다.

에디슨 뒤에 가려진 천재 테슬라

19세기 말 미국의 저녁 풍경은 어땠을까요? 이 무렵 집집마다 전기가 들어오기 시작했습니다. 가로등부터 집, 가게까지 전구를 달아 환하게 빛나는 밤거리가 상상되시나요? 지금도 각 가구에 전기계량기가 있어서 사용한 전기량만큼 매달 전기 요금을 내고 있죠. 이러한 시스템이 시작된 건 19세기 말 미국에서부터였습니다.

당시에는 전기와 관련된 기술이나 아이디어만으로도 사업에 투자를 받을 수 있었습니다. 이 시기에 벤처기업의 투자 및 창업 문화가 시작되었으며, 일부 기업은 빠르게 성장하는 기회를 잡았습니다. 전기의 도입은 다양한 분야에 광범위한 영향을 미쳤죠.

전기 산업을
이끌었던 에디슨

'전기 시스템'과 관련된 유명한 인물로 '토머스 에디슨'을 떠올리는 경우가 많습니다. 전기가 산업의 중심이었던 당시 에디슨은 뛰어난 청년 사업가였습니다. 직류 전기를 연구하여 상용화하고 백열전구를 발명하는 등의 사업으로 20대에 백만장자가 되었죠. 발전소를 100여 개나 세운 에디슨은 전기 산업계의 거물이었습니다. 오늘날 성공한 벤처기업가, 예를 들면 스티브 잡스, 빌 게이츠, 래리 페이지를 모두 합친 인물이라 할 수 있을 만큼 위대한 발명가죠.

그런데 당시 전기 시스템 분야에서 에디슨의 라이벌이 있었습니다. 그가 바로 니콜라 테슬라입니다. 천재 발명가로 오늘날 전기 및 무선통신 기술의 기반을 마련한 인물이죠. 그는 교류시스템을 개발하여 직류 전기에 의존하던 기술적 한계를 극복하여 광범위한 전기 활용을 가능하게 했습니다. 또한 테슬라코일을 발명하여 고주파 전류의 특성을 연구했고, 이로써 라디오, 무선통신, 레이더 발전에 기여했습니다.

하지만 테슬라는 에디슨에 비해 상대적으로 덜 알려졌습니다. 에디슨이 발명을 상업화해 큰 성공을 거두고 활발한 홍보와 사업적 감각으로 이름을 널리 알렸지만, 테슬라는 발명에만 몰두하면서 사업과 홍보에는 미숙했기 때문이죠. 이는 테슬라의 괴짜 발명가 이미지와 소극적 성격이 한몫한 것으로 보입니다. 천재성이 있음에도 불구하고 에디슨에 가려져 그의 탁월함이 잘 드러나지 않았던 이유에는 아마도 이러한 성향 탓이 있지 않았을까 추측해 봅니다.

🔲 에디슨의 '직류'와 테슬라의 '교류'

테슬라가 에디슨의 라이벌로 인식된 데는 두 사람 간의 '전류 전쟁(The Current War)'이 있었습니다. 에디슨의 '직류시스템'과 테슬라의 '교류시스템' 간의 경쟁이었죠. 전류 전쟁에서 누가 승리했는지는 뒤에서 자세히 다루기로 하고, 여기서는 '직류시스템'과 '교류시스템'의 차이를 간단히 살펴보겠습니다. 이 두 시스템의 차이를 이해하면 앞으로의 내용을 더 쉽게 이해할 수 있을 겁니다.

두 전류의 가장 큰 차이점은 전류가 흐르는 방향과 시간에 따라 변하는 전압의 크기입니다. 직류(Direct Current)는 한 방향으로만 흐르는 전류를 말하며, 전압이 일정합니다. 이러한 특성 때문에 직류는 배터리나 충전식 장치에서 주로 사용되죠. 전압의 변동 없이 일정한 에너지를 제공할 필요가 있을 때 직류가 이상적입니다.

반면, 교류(Alternating Current)는 방향과 전압이 주기적으로 변화합니다. 이런 특성은 전력을 장거리로 전송할 때 유리합니다. 또 변압기를 사용하여 전압을 쉽게 조절할 수 있어서, 고전압으로 전송하면 전송 중의 에너지 손실을 줄일 수 있죠. 일상생활에서 교류는 가정의 전기 콘센트를 통해 공급됩니다. 이처럼 직류와 교류는 각기 다른 특성이 있어서, 용도에 따라 적절히 선택하여 사용하는 것이 중요합니다.

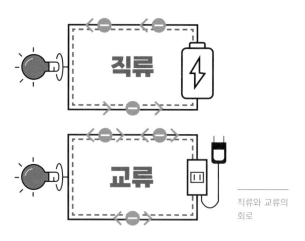

직류와 교류의 회로

테슬라의
'모르는 이야기'

🔲 엄친아, 테슬라의 유년기

테슬라는 1856년 7월 10일, 지금의 크로아티아 스밀랸 지역인 오스트리아의 작은 마을에서 태어났습니다. 그의 아버지는 그리스정교회 사제였고, 테슬라도 자신을 따라서 사제가 되길 바랐습니다. 하지만 아버지의 바람과 달리 테슬라는 '과학자'라는 꿈이 있었습니다. 고양이를 쓰다듬다가 정전기를 알게 돼 전기에 관한 관심이 생겼는가 하면, 풍뎅이를 가지고 놀다가 풍뎅이를 동력으로 사용하는 '풍뎅이 프로펠러'를 만들기도 했습니다. 풍뎅이 프로펠러는 헬리콥터와 유사한 원리였다고 하죠. 또 암산 실력이 얼마나 뛰어났던지 선생님들이 부정행위로 의심한 적도 있다고 합니다. 이처럼 워낙 비범하고 발명에 관심이 많았던 테슬라는 아버지의 뜻과 달리 공학도의 길을 걷고 싶어 했습니다.

그러던 중 테슬라가 7세 때 12세였던 형이 낙마 사고로 세상을 떠나는 것을 목격하고는 큰 충격을 받습니다. 그 이후로 병치레를 자주 했고, 콜레라에 걸려 몇 달이나 병상 생활을 하며 죽을 고비를 넘기기도 했죠. 아버지가 테슬라의 관을 준비할 정도였다고 하니 그의 몸 상태가 어느 정도였는지 짐작할 수 있겠죠. 작은아들 테슬라마저 잃을까 걱정하던 아버지는 테슬라의 회생을 기원하며, 그가 건강해지기만 한다면 공학 공부를 해도 좋다고 허락합니다. "사제는 무슨… 건강만 해라"라는 마음으로 바뀐 것이죠.

젊은 시절의
테슬라

건강을 회복한 테슬라는 공학 공부에 집중할 수 있었고, 장학금을 받고 오스트리아의 명문 그라츠공과대학교에 입학했습니다. 오스트리아 변방 출신인 테슬라가 그라츠공과대학교에 입학한 것은 당시로는 대단한 성취였습니다. 공학 공부를 할 수 있게 되자 테슬라는 하루에 단 4~5시간 자면서 쉬지 않고 공부했습니다. 교수들까지 테슬라를 걱정할 정도였죠. 이렇게 공부했으니 성적은 당연 최고였고요.

그는 대학에서 공학뿐만 아니라 문학에도 애정을 가졌습니다. 다양한 고전문학에 조예가 깊었고, 특히 괴테의 《파우스트(Faust)》를 좋아했다고 합니다. 친구와 공원을 산책하며 《파우스트》의 한 구절을 읊고, 그 구절에서 아이디어를 생각해 낸 일화도 전해지죠.

"오늘도 이 밤이 그냥 저물어서 지나가는구나,
날개가 나를 밀어준다면 따라가 보기라도 하겠지만,
몸을 들어줄 날개도 없는데 내 영혼은 누가 들어 올려주리."

이 구절은 후에 교류발전기와 같은 혁신적인 아이디어를 떠올리는 데 결정적인 영향을 미쳤다고 합니다.

사람이 너무 뛰어난 능력을 지니면 시기하는 사람이 생기기 마련일까요? 테슬라는 좋지 않은 출신에도 불구하고 비범한 재능을 발휘해 더 질투를 받았던 것 같습니다. 독일 문화 동아리에서의 토론 중 한 학생이 테슬라가 독일어를 모를 것이라 생각하고 그를 독일어로 비아냥거렸습니다. 하지만 테슬라는 언어에도 탁월한 재능이 있어서 세르비아어, 영어, 독일어, 프랑스어, 라틴어, 이탈리아어, 헝가리어, 체코어 등 총 8개의 언어를 유창하게 구사할 수 있었습니다.

" 야, 테슬라. 여기서 왜 시간 낭비하고 있어?
   넌 공부나 해! 교수님한테 칭찬이나 받아야지! "

비하 섞인 말은 테슬라에게 반항의 불씨를 지폈습니다. '아, 나도 공부는 잠시 접고 놀아볼까? 너희들이 하는 건, 그게 뭐든지 내가 더 잘할 수 있어!' 평소 차분하고 절제된 모습으로 알려진 테슬라가 모범생 이미지에서 벗어나는 것은 드문 일이었죠. 그날, 테슬라는 강한 욕구에 사로잡혔습니다. 그러면서 조금씩 엇나가기 시작했고 나중에는 술과 도박 그리고 당구에 빠져들었죠. 공부 외에 다른 것들도 잘하는 사람이라는 걸 보여주고 싶어 한 것을 보면 테슬라는 승부욕과 자존심이 센 사람이었던 것 같습니다.

이렇게 테슬라가 일탈에 빠져 허송세월하고 있자, 인내심을 갖고 지켜보던 어머니가 어느 날 이렇게 말했습니다.

> **"테슬라, 재미있게 놀아라.**
> **너는 우리가 가진 것 전부를 빨리 잃을수록 좋을 거야!**
> **하지만 나는 네가 노름을 이겨 내리라는 걸 알아."**

어머니의 말엔 당근과 채찍이 모두 담겨 있었습니다. 노름에 빠진 아들이 잘 이겨낼 거라는 이 말은 어떻게 보면 대놓고 노름하지 말라는 말보다 더 강력했던 것 같습니다. 결국 그는 방황을 끝내고 탕진한 돈을 벌기 위해 일자리를 구하러 다녔습니다. 잠시 일탈하던 시기가 있긴 했지만, 그간 뛰어난 수재로 알려졌기에 취업하는 데 큰 걱정이 없었을 것 같은데… 과연 그랬을까요?

📖 테슬라, 에디슨을 만나다

1881년, 테슬라는 새로운 기회를 찾아 헝가리로 향했습니다. 첫 회사에서부터 재능이 빛나기 시작해 능력을 인정받았고 이듬해에는 에디슨 회사의 파리 지사로 자리를 옮겼습니다. 그곳에서도 전기 시스템과 관련된 복잡한 문제들을 해결하며 기술력을 인정받았죠.

독일 스트라스부르의 철도역 조명 장치 공사를 위한 출장 중 합선으로 인해 망가진 에디슨 조명 장치를 수리하고, 소형 전동기를 제작해 여러 곳을 다니는 등 해결사 역할을 했다고 합니다. 입사한 지 얼마 되지 않아 능력을 인정받은 그는 곧 회사 내 중요한 인재로 자리매김하며, 특히 직류발전기에 대한 이해를 높이 평가받습니다. 이런 성과를 인정받은 테슬라는 파리 지사의 한 고위 관계자로부터 인생을 바꿀 만한 추천서를 받게 되죠. 그 추천서는 미국에 있는 에디슨에게 테슬라를 인재로 추천하는 내용이었습니다.

> **"내가 아는 가장 위대한 사람 두 명이 있습니다.**
> **한 명은 에디슨 당신, 다른 한 명은 이 젊은이입니다."**

고위 관계자는 당시의 위대한 발명가 에디슨과 동급으로 테슬라를 평가한 것입니다. 이러한 평가가 담긴 추천서 덕에 테슬라는 미국으로 이주해 에디슨과 함께 일하게 되죠.

과연 두 천재가 만나 엄청난 시너지를 낼 수 있었을까요? 아쉽게도 그들은 지향점이 달라 협력이 쉽지 않았습니다.

당시 에디슨은 대도시에 직류전기를 공급하는 사업에 집중하고 있었습니다. 반면, 테슬라는 교류전력의 잠재력을 보고 이를 활용한 더 효율적인 전력 시스템을 개발하는 데 몰두하고 싶어 했죠. 하지만 테슬라가 에디슨의 회사에 합류했을 때, 그에게 주어진 첫 번째 임무는 자신의 관심 분야와는 다른 직류발전기의 성능을 개선하는 작업이었습니다. 테슬라는 자신의 기술과 아이디어를 실현할 기회를 얻고 싶어 했지만, 에디슨의 회사에서는 그의 역량의 대부분을 직류시스템 개선에 사용해야 했습니다. 아마도 당시 테슬라는 자신의 비전을 제대로 실현할 수 없다는 좌절감에 힘들었을 것입니다.

어느 날, 테슬라는 에디슨 회사의 업무 관리자로부터 솔깃할 만한 이야기를 듣습니다.

> **"테슬라, 우리 회사는 지금 직류가 중요해.**
> **주어진 시간 안에 직류시스템의 문제점을 개선해 봐.**
> **성공하면 5만 달러를 주겠네!"**

당시 5만 달러면 현재 가치로 15억 원에 달하는 가치입니다. 테슬라는 직류시스템과 관련한 문제를 해결하기 위해 열심히 일했고, 결국 직류시스템에서 124개 부분을 개선해서 성능을 향상할 수 있었습니다. 이 정도면 5만 달러보다 더 받아도 될 것 같은데, 정작 그 회사의 프로젝트 관리자는 이렇게 말했답니다.

> "오, 테슬라! 이런! 자네는 미국식 농담도 모르나?
> 농담이었어! 하하하."

테슬라는 이 말을 듣고 몹시 언짢았지만, 일단 참고 일을 계속하기로 했습니다.

이후 에디슨의 두 번째 사업인 아크등 사업에 투입되었습니다. 아크등은 전기 반응으로 공기에 전기 불꽃이 생기는 원리인 '아크방전'을 이용하는 등으로, 당시엔 야외 가로등에 주로 활용되었습니다. 테슬라는 아크등 사업에서도 성공을 거두었습니다. 그러나 1879년, 에디슨이 아크등보다 훨씬 효율적인 백열전구를 발명하면서 아크등 사업은 수익성이 없다고 판단했고, 사업은 중단됐습니다. 테슬라는 자신의 능력이 인정받지 못했다는 생각에 모욕감을 느꼈고, 에디슨의 회사를 떠나기로 결심합니다.

🔲 사업가 테슬라, 전류 전쟁의 서막

젊은 테슬라는 자신의 아이디어를 실현하는 꿈을 꾸었습니다. 하지만 에디슨의 회사에서 일하면서 그 꿈이 이루어지지 않고 번번이 실패하면서 이상

사교계에서 활약한
테슬라

과 현실 사이에서 타협점을 찾지 못해 갈등하고 고뇌했죠.

한편, 테슬라에 대한 입소문이 여기저기 퍼지면서 스카우트 제의도 받았고, 연설 실력도 뛰어나 자신이 연구하고 있던 교류시스템과 관련된 강의도 종종 했습니다. 무엇보다 테슬라가 가장 하고 싶었던 발명과 연구를 하려면 투자자가 있어야 했기 때문에 사람들을 만나기 위해 사교계에서도 활동했죠.

테슬라는 사교계에서 꽤 인기 있는 편이었다고 합니다. 유럽 스타일의 매너남이 옷도 깔끔하게 잘 입고 똑똑했으니 인기가 있는 게 당연했을지 모르죠. 덕분에 그는 많은 언론인, 문인들과 친밀한 관계를 유지할 수 있었습니다. 그의 잘 알려진 지인으로는 《톰 소여의 모험(The Adventures of Tom Sawyer)》, 《허클베리 핀의 모험(The Adventures of Huckleberry Finn)》을 쓴 유명한 작가 '마크 트웨인'과 금융계의 거성 J.P. 모건의 딸 '앤 모건'이 있었습니다. 이들과의 교류를 통해 테슬라는 투자자를 모으고 창업을 시작할 수 있는 기반을 마련했습니다.

보란 듯이 창업을 시작한 테슬라, 그의 사업은 어땠을까요? 테슬라의 사업 분야는 아크등이었는데, 안타깝게도 당시 아크등 산업은 하락세였습니다.

아크등은 과하게 밝고, 전극이 너무 빠르게 타는 바람에 매일 전극을 교체해야 하는 단점이 있었던 반면, 백열전구는 눈부심이 적고 수명이 40시간 이상일 정도로 길어서 가정 등 실내에서 사용되기 시작했죠. 테슬라는 아크등을 개선할 수 있다고 믿었지만, 이미 대세는 백열등이었습니다. 그러니 회사의 수익이 좋지 않을 수밖에 없었습니다.

투자자들은 테슬라를 믿지 못하고 그에게 불만을 품었습니다. 첫 사업부터 위기에 빠진 것이죠. 하지만 이를 기회로 삼은 테슬라는 사업을 전환하기로 합니다. 그의 오랜 꿈이었던 교류시스템 사업이었죠.

테슬라는 교류시스템의 이점을 투자자들에게 열심히 설득했습니다. 그러나 투자자들은 새로운 사업에 투자하는 데 조심스러웠습니다. 교류가 직류에 비해 사업성이 떨어진다고 판단했죠. 테슬라와 투자자들의 치열한 회의에서, 투자자들은 테슬라가 사업 방향을 교류발전기 개발 쪽으로 바꾸는 것에 우려를 표했습니다. 재정적 이익과 동떨어진 선택이라고 지적한 것이죠. 반면에 테슬라는 자신의 혁신이 회사를 세계 최대의 전력 공급사로 만들 수 있을 거라고 주장하며 에디슨마저 능가할 것이라고 확신했습니다.

하지만 회의는 하나의 결론에 이르지 못하고 난항에 부딪쳤습니다. 테슬라는 회사의 특허와 기술이 자신의 소유임을 주장하며 자기 뜻을 밀어붙였지만, 투자자들은 회사의 모든 권리와 자산이 투자자들에게 있다며 오히려 테슬라를 해고했습니다. 하루아침에 자신의 회사에서 쫓겨난 테슬라는 당시 심정을 자서전에 이렇게 기록했습니다.

"나는 상심과 괴로운 눈물로 얼룩진 잔인한 한 해를 보냈고,
그 고통은 물질적인 결핍 때문에 더욱 힘들었다.
과학, 기계, 문학 등 여러 분야에 걸쳐 내가 받은 높은 교육은 조롱거리에 지
나지 않았다."

성공을 꿈꾸며 건너간 미국이었지만, 기회의 땅이었던 만큼 미국은 이민
자들이 차고 넘치는 상황이었습니다. 자연스럽게 이민자에 대한 편견도 심했
죠. 추천사 덕에 이민 초기에 에디슨 회사에서 일할 수 있었지만, 사업 실패
이후로는 좋은 일자리를 구하기 어려웠습니다. 그는 생계를 유지하기 위해
전기기사, 조명 수리, 케이블 작업, 심지어 땅 파는 막노동까지 다양한 일을
해야 했습니다. 자존심을 접고 에디슨의 공장에서 일하기도 했죠.

그래도 포기하지 않았습니다. 언젠가는 기회가 올 것이라 믿었죠. 그리고
그 기회는 테슬라가 대형 전신 회사에서 케이블 작업을 하던 중 찾아왔습니
다. 그의 능력을 알아본 공사장 감독이 '엘프리드 브라운'이라는 전신 사업부
책임자에게 테슬라를 소개했고 브라운은 테슬라의 천재성은 인정했지만, 사
업적 감각이 부족하다고 느껴 이를 보완하기 위해 변호사 '찰스 펙'을 파트너
로 소개했습니다. 세 사람은 곧 '테슬라 전기회사'를 설립하여 교류시스템을
개발하게 됐습니다.

테슬라 전기회사는 드디어 교류시스템을 완성하였고 시장을 성장시켜 나
갔습니다. 이러한 성과는 테슬라와 에디슨 간의 유명한 '전류 전쟁', 즉 커런
트 워(The Current War)의 시작으로 이어졌고 결국 전기의 미래를 결정짓는
중요한 사건이 되었죠.

🔲 테슬라 vs 에디슨, 전류 전쟁

" 기존의 직류가 아닌 교류로 전기를 공급하면
더 싸고 강력하고 편리한 전기를 많은 사람이 누릴 수 있어."

테슬라가 이렇게 생각한 반면 에디슨은 다음처럼 생각했습니다.

" 말도 안 되는 소리! 교류는 위험해.
그리고 나는 이미 미국 땅에 나의 직류를 공급하고 있잖아.
이걸 다 갈아엎을 수는 없다고!"

테슬라의 조력자
웨스팅하우스

에디슨은 1886년 무렵 미국 각 지에서 60여 개의 직류 발전소를 가동하고 있었습니다. 그에 비해 교류시스템 사업의 규모는 그에 훨씬 미치지 못했죠. 이런 상황에 서 중요한 역할을 할 사람이 또 한 명 등장합니다. 그는 '조지 웨스팅 하우스'로, 웨스팅하우스 일렉트릭사의 창업자이자 철도 차량용 공기브레이 크를 발명한 인물입니다. 그가 전동차 사업에 진출할 생각으로 적합한 교류 전동기를 찾던 중 테슬라에 대한 소문을 듣고 찾아온 것이죠. 테슬라가 전동 기뿐 아니라 발전기, 송전계통, 변압기 등 교류시스템에 대한 포괄적인 특허 를 보유하고 있는 것을 알고 그와 협력하길 원했습니다.

웨스팅하우스와 테슬라가 협상 테이블에서 만났습니다. 테슬라가 테슬라

전기회사를 설립하고 다시 사업을 시작했지만, 아직 초기 단계였습니다. 에디슨 회사에서 겪은 불화와 개인 사업의 실패로 그의 자존감이 바닥에 있을 때였죠. 이런 절박한 상황에서 제대로 된 협상을 할 수 없었을 겁니다. 자꾸만 자신의 가치를 깎아내리며 고개를 숙이고 들어가는 테슬라. 그는 뛰어난 천재 발명가였지만 사업가로서의 비즈니스 스킬은 그리 좋지 않았습니다. 웨스팅하우스는 테슬라의 이런 절박함과 어리숙함을 꿰뚫어 보았음에도 불구하고 그에게 상당히 파격적인 조건을 제시합니다. 교류 전기모터와 발전기 특허권에 대한 비용을 마력당 2.5달러의 로열티로 지급하겠다고 약속한 겁니다. 1마력은 약 25대의 선풍기에 전력을 공급할 수 있는 전력량입니다. 전동차산업에 꼭 필요한 전력이니 엄청난 수익이 발생할 것으로 예상했죠.

둘의 만남은 아주 성공적이었고, 웨스팅하우스와 테슬라 모두 만족스러워할 만한 조건으로 계약은 성사되었습니다. 유년기부터 대학 시절을 거쳐 에디슨의 회사에서 나오기까지 끊임없이 연구에 몰두한 테슬라의 끈기가 마침내 결실을 맺는 듯했습니다.

반면 잘나가는 테슬라를 보며 안달 날 수밖에 없던 사람이 있었으니, 바로 토머스 에디슨입니다. 그는 전기 사업으로 이미 큰 성공을 거뒀고, 미국 전역에 직류를 공급하고 있었는데 테슬라가 웨스팅하우스와 손잡으며 교류를 공급하려고 하니 신경 쓰였을 겁니다. 직류시스템 사업이 망할 수도 있겠다고 직감했지만 직류시스템 사업을 접고 교류시스템 사업을 하기엔 너무 늦은 상황이라고 판단한 에디슨은 어떻게든 교류를 막아야겠다고 생각했습니다. 그러다 감정에 호소하자는 의도로 흑색선전을 시작합니다.

" 교류는 위험하다!
교류 때문에 사람이 죽었다! "

'교류는 죽음의 지름길', '죽음의 교류', '교류는 직류보다 훨씬 더 위험하다'라고 교류의 위험성을 전파하기 위해 온갖 방법을 동원했습니다. 고압의 교류를 이용해 사형 집행용 전기의자를 발명하는 데 일조하기도 하고 전기의자 개발을 위해 동물 실험까지 감행하며. 서커스 코끼리 '톱시'를 전기로 처형한 뒤 그 과정을 촬영하기도 했습니다. 생명을 희생시키면서까지 직류시스템 시장을 지키려 한 에디슨의 이러한 행동은 '위대한 발명가 에디슨'이라는 이미지에 숨겨진 그림자 같습니다.

에디슨이 교류의 위험성을 강조해서 홍보했지만, 사실 교류는 관리만 잘하면 안전하게 사용할 수 있었습니다. 하지만 당대에 영향력이 상당했던 에디슨이 계속해서 교류의 위험성을 대중에게 심어주니, 쉽게 판세를 뒤집기 힘들었을 겁니다. 그렇지만 테슬라는 에디슨의 흑색선전을 방어할 방법을 찾아내 반격합니다. 그는 교류 전기가 얼마나 안전한지를 보여주려고 자기 몸에 25만 볼트의 교류를 흘려보내는 실험을 했고, 전기불꽃 아래서 책을 읽는 사진을 공개하기도 했습니다. 그가 발명한 테슬라코일을 직접 손으로 만져 스파크를 일으키기도 했으니, 그가 얼마나 자기 기술을 믿었는지 알 수 있겠죠.

그의 실험은 테슬라코일에서 발생하는 고주파 전류가 전구와 형광등에 불이 들어오게 하는 것인데, 이런 실험이 당시에는 마법같이 보여 큰 화제가 되었고, 테슬라는 '빛과 전기의 마법사'라고 불리며 전기계의 스타로 떠오르게 됩니다. 에디슨의 흑색선전을 완전히 압도해 버린 그의 실험은 대중들에

미니 테슬라코일 실험 장면.
전구와 형광등을 가까이
대기만 했는데 불이 켜진다.

게 교류가 생각보다 위험하지 않다는 인식을 심어주었고, 교류시스템 사업에 날개를 달아주었습니다. 이제는 테슬라의 세계가 열렸습니다. 웨스팅하우스에게 '1마력당 2.5달러'라는 로열티도 받을 수 있었겠죠. 그렇다면 전류 전쟁의 최후의 승자는 누구였을까요?

밤을 낮처럼 밝히다

1893년은 콜럼버스가 신대륙을 발견한 지 400년이 되는 해로, 이를 기념해 시카고에서 세계 박람회가 개최되었습니다. 이 박람회는 47개국이 참가할 정도로 엄청난 규모였으며, 당시 조선도 참가해 우리의 문화를 알렸습니다.

박람회의 주요 콘셉트는 '전구 20만 개를 사용하여 밤을 낮처럼 밝히는 것'이었습니다. 이로 인해 전 세계의 관심이 시카고 박람회에 집중되었고, 20만 개의 전구를 교류로 밝힐지, 직류로 밝힐지가 '전류 전쟁'의 승부를 가르는 승부처로 떠올랐습니다.

그런데 하필 이렇게 중요한 시기에 웨스팅하우스가 자금난에 빠졌습니다. 그는 에디슨과의 경쟁에서 교류시스템 시장을 확산시키기 위해 교류 전기를 저렴하게 판매했는데, 이 때문에 상당한 손실이 쌓이고 있었습니다. 이때 테슬라는 자신에게 지급될 로열티를 포기하기로 결심합니다.

" 일단 회사를 살려야 교류가 전 세계에 알려질 것이고,
인류가 교류를 사용할 수 있을 것이다."

테슬라는 당장은 손해를 보더라도 교류시스템이 전 세계에 널리 퍼져, 인류의 삶을 향상시킬 수 있기를 바랐습니다.

그의 대담한 결정은 전류 전쟁에 어떤 영향을 미쳤을까요?

1893년, 시카고 박람회의 밤하늘을 20만 개의 전구가 화려하게 밝혔습니다. 그 밤은 교류가 직류보다 우수하다는 사실을 전 세계에 알리는 순간이었습니다. 에디슨의 막대한 영향력과 흑색선전에도 불구하고, 테슬라와 웨스팅하우스는 박람회의 전기 공급 계약을 따냈습니다.

이후 전류 전쟁은 나이아가라폭포에서 또 한 번 결정적인 순간을 맞이합니다. 나이아가라폭포 수력발전소의 송전 시스템 경쟁에서 테슬라의 교류시스템이 에디슨의 직류시스템을 능가했습니다. 수십 킬로미터 떨어진 버펄로시까지 전기를 공급해야 했는데, 직류와 달리 교류는 전력을 장거리로 손실

테슬라의 교류가 수놓은
시카고 박람회의 불빛

없이 전달할 수 있어 적합했기 때문입니다. 나이아가라폭포 프로젝트는 교류 시스템이 채택됐고, 교류의 우수성이 다시 한번 입증되는 사례가 됐습니다.

이처럼 중요 승부에서의 승리는 교류가 전력산업의 표준으로 자리 잡는 데 중요한 역할을 했습니다. 에디슨이 교류시스템을 방해하려고 뒤에서 은밀하게 행동했지만, 테슬라는 당당하게 정면승부로 응해 결국 전류 전쟁에서 승리할 수 있었던 것이죠.

그러나 이것이 교류의 완벽한 승리였을까요? 19세기에는 테슬라의 교류가 승리했지만, 21세기에 들어서면서부터는 배터리 기술이 급속도로 발전해 직류의 중요성이 다시 강조되고 있습니다. 스마트폰, 전기차, 노트북, 태양광 발전 등 많은 곳에서 사용되는 배터리 모두 직류를 사용하기 때문이죠. 테슬라와 에디슨이 세상을 떠난 지 오래됐음에도 불구하고 직류와 교류의 대결은 여전히 진행 중인 것처럼 보입니다. 그러나 상황에 따라 두 전류가 필요한 만큼, 이제는 두 전류의 대결이 아니라, 두 전류의 조화로운 공존이라고 불러야 하지 않을까요?

최초의 무선 충전기? 워든클라이프 타워

테슬라는 교류시스템을 상업화하는 데 성공한 이후에도 연구와 발명을 계속했습니다. 그의 수첩에는 아직도 세상에 보여주고 싶은 꿈과 이상 그리고 시대를 앞서간 기술에 대한 상상력이 가득했죠.

그의 시대를 앞선 아이디어 중 하나가 워든클라이프 타워였습니다. 테슬라는 이미 무선통신 기술의 선구자로서 자리매김하고 있었지만, 그의 야심은 단순한 통신을 넘어서 전 세계적인 에너지 전송시스템을 구축하는 것이었습니다. 테슬라는 이렇게 생각했습니다.

> " 전선을 없앨 수 있다면, 전력 전송에 드는 비용을 없앨 수 있을 텐데…. 지구를 하나의 전기 전도체로 사용하면 어떨까? "

그 당시에 무선 충전 기술을 생각하다니, 역시 시대를 뛰어넘은 발명가임이 분명합니다.

이 혁신적인 아이디어는 1901년 뉴욕주 쇼어햄에서 '워든클라이프 타워'를 세우는 계획으로 이어졌습니다. 타워를 통해 지구 자체의 전기적 특성과 자연의 공명을 이용해 전 세계 어디로든 전기를 무선으로 전송하고, 전 세계 누구나 전기를 무료로 사용할 수 있게 하는 것이 사업의 목표이자 전략이었죠.

고주파와 고전압을 활용하는 테슬라코일의 원리를 사용했던 이 아이디어는 매우 매력적이었습니다. 마치 스마트폰을 무선 충전기 위에 놓기만 하면 되는 것처럼, 충전하려는 기기를 지구의 표면에 닿게만 하면 무선으로 충전할 수 있었습니다. 즉 휴대전화를 땅에 던져두기만 해도 충전되는 것이죠. 만

약 테슬라의 아이디어가 실현됐다면, 전기차도 따로 충전할 필요 없이 주행 중 자동으로 충전됐을 것입니다.

이런 생각을 실현하려 했던 테슬라는 당시 사람들에게 마치 외계인처럼 여겨졌을지도 모르죠. 테슬라는 교류시스템을 투자자들에게 소개했던 것처럼 워든클라이프 타워 프로젝트를 강력히 추진했습니다. 하지만 그 반응은 교류시스템을 도입하려 했을 때처럼 싸늘했습니다. 오늘날에도 누군가 워든클라이프 타워를 세운다고 하면 미친 사람으로 여길 텐데, 당시에는 오죽했을까요?

> "저게 대체 뭘 하려는 거야? 전 세계 사람들에게 전기를 보낸다고? 우리더러 전기 통구이가 되란 말이야?"

실현 가능성에 대한 의문과 더불어 주변 사람들의 반발로 테슬라는 물러설 수밖에 없었고, 투자자들도 발길을 돌리고 말았습니다. 이 프로젝트를 위

테슬라가 세운
워든클라이프 타워

해 유명 투자자 J.P. 모건에게 구걸하다시피 해서 이미 15만 달러를 받았지만, 그 정도의 자금으로는 역부족이었습니다. 테슬라의 계획대로라면 50만 달러 정도는 필요했죠.

모건은 처음에 테슬라에게 설득돼 워든클라이프 타워 프로젝트에 투자하였으나, 전기를 무료로 나눠주면 돈을 벌 수 없다는 사실을 깨닫고는 자금 지원을 끊었던 겁니다. 프로젝트가 수포로 돌아갈 위기에 처했고, 테슬라는 사비로 계속 진행하였으나, 엎친 데 덮친 격으로 워든클라이프 타워의 작동도 실패했죠.

마을 사람들은 테슬라가 사람을 죽이는 기계를 만든다면서 그를 쫓아내다시피 하기도 했습니다. 하지만 무언가를 보여주어야 했으니, 테슬라의 마음은 불안해지고 행보는 더 과감해졌습니다. 위험한 실험도 강행하다 보니 몸도 마음도 쇠약해졌습니다. 테슬라는 이때를 이렇게 회고했습니다.

"어릴 때 겪었던 사건들이 계속 나타나 괴롭혔다.
발명하는 순간에만 유일하게 망상과 두려움에서 벗어날 수 있었다."

결국 완성되지 못한 타워는 1917년에 철거됐고, 테슬라는 이 과정에서 막대한 빚을 지게 됐습니다. 워든클라이프 타워 프로젝트는 그가 파산하게 된 결정적인 계기 중 하나로 꼽힙니다.

🎑 테슬라 vs 마르코니, 특허 전쟁?

발명가의 상상이 현실이 되려면 발명 후 특허를 내고 판매로 돈을 번 뒤, 다시 연구하는 시스템이 돼야 합니다. 당시의 발명과 특허 시스템은 어땠을 까요?

당시 미국은 개량된 특허에 대해서도 폭넓게 인정해 주고 있어서 발명품 이 실용적으로 사용되는 데 기간이 단축되고, 관련 산업이 빠르게 발전할 수 있었습니다. 하지만 이로 인해 특허를 인정하는 기준이 모호해져서 특허 분 쟁이 자주 일어났죠.

테슬라의 분쟁 상대, 마르코니

테슬라도 특허분쟁을 피해 갈 수 없었습니다. 그가 무선전신을 연구하고 있을 때 유럽에서는 이 탈리아의 전기 공학자이자 발명 가인 '굴리엘모 마르코니'가 같은 연구에 열중했습니다. 테슬라는 미국에서 무선전신 특허를 먼저 냈지만, 안타깝게도 화재로 연구 결과를 모 두 잃어버리고 말았습니다. 그 기회를 틈타 마르코니는 테슬라의 기술과 다 른 사람들의 아이디어를 조합해 무선전송 장치를 완성했죠.

그는 기술적 성과만이 아니라 언론과 대중을 잘 활용했습니다. 무선전신 기술을 시연할 때마다 언론을 초청했고, 대서양을 횡단하여 무선 신호를 전 송하는 실험으로 큰 주목을 받았죠. 이런 언론 플레이는 그를 대중에게 널리 알리는 데 중요한 역할을 했습니다. 발명품을 홍보하며 강력한 재정적, 정치 적 지원까지 확보하게 된 마르코니는 마침내 1909년, 무선전신 기술로 노벨

물리학상을 수상합니다. 반면, 테슬라는 자신의 특허가 침해당했다고 소송을 제기합니다. 하지만 마르코니가 받은 강력한 재정적, 정치적 후원 앞에서는 힘이 부족했습니다. 테슬라는 결국 소송에서 패소했고, 이 과정에서 막대한 재정 손실뿐만 아니라 명예도 잃고 건강까지 악화됐습니다.

그 후 1943년, 미국 대법원은 테슬라의 특허가 마르코니의 특허보다 우선한다고 판결했지만, 이미 테슬라가 세상을 떠난 뒤였습니다. 이 판결은 테슬라의 공로를 공식적으로 인정하는 중요한 결정이었지만, 테슬라 본인에게는 너무 늦은 조치였죠.

그가 라디오, 리모컨, 형광등, 발전기, 전자레인지 등 수많은 발명으로 많은 특허를 보유했음에도 그의 생전에 노벨상을 수상하지 못한 것은 아쉬움으로 남습니다. 항간에 테슬라와 에디슨이 함께 노벨물리학상 후보에 올랐으나, 서로 공동 수상을 거부해 둘 다 수상을 못 했다는 이야기도 있습니다. 하지만 이 이야기는 뉴욕 타임스의 잘못된 보도로 밝혀졌죠. 실제로 테슬라에 관한 잘못된 보도와 루머가 유난히 많았는데, 이런 오해와 추측이 많았던 것은 아마도 괴짜 발명가 같은 그의 행보 때문이 아니었을까 싶습니다.

괴짜 발명가

테슬라는 점점 후원자도 끊기고 재정지원도 중단됐습니다. 무상으로 전기를 공급하려고 하자, 투자자들이 그를 손절했던 것이죠. 그렇게 노년으로 접어들수록 그의 사업이 점점 하락세를 보이면서 그의 기행들이 수면 위로 떠오르기 시작했습니다. 마치 쇼와 같았던 강연 때의 이미지가 역으로 회자되기 시작한 것이죠. 외계인의 신호를 들었다는 주장, 광선총을 개발하려고 했던 이야기 등 테슬라의 기인 같은 행각 때문에 어떤 영화에 등장하는 괴짜 과학자의 모델이 테슬라라는 이야기도 있었습니다. 심지어 테슬라는 괴이한 사고와 행동으로 인해 FBI의 비밀 감시 대상이 되었는데, 나중에 FBI는 '외계인들이 테슬라를 방문했고, 테슬라는 사실 금성인이다'라는 조사 결과를 공개하기도 했습니다.

테슬라가 괴짜 과학자로 인식되는 데는 그의 결벽증과 강박증도 한몫했습니다. 그는 어릴 때부터 세균공포증이 심해 낯선 물건을 만지기 싫어했고, 사람을 만났을 때 악수를 피했다고 전해집니다. 또한, 숫자 3에 대한 집착 때문에 호텔 방 호수가 3의 배수인 방에만 묵었고, 식기를 닦을 때도 3의 배수만큼 닦았다고 하죠. 식사 전 음식의 양을 측정했고, 여성이 진주 귀걸이를 착용하는 것을 싫어했으며, 혼잣말을 자주 하고 어둠을 좋아했으며 특이한 공감각도 가지고 있었습니다. 더 나아가 환청과 환취까지 겪었다고 하니, 강박증으로 여러모로 고생했을 것입니다. 특히 어릴 적에는 섬광과 환영에 시달렸으나 성장하면서 이를 머릿속 실험실로 활용할 수 있게 됐다고 합니다. 그림을 그리거나 직접 만들어 보지 않고도 머릿속에서 발명품을 구상해 내곤 했죠.

테슬라뿐만 아니라 다른 많은 천재도 괴짜 같은 면을 가지고 있었습니다. 레오나르도 다 빈치는 회계에 대한 편집증적 강박증을 가졌고, 모차르트는 대변이나 방귀에 집착했습니다. 고흐는 유독 노란색을 고집했고, 칸트는 매일 정확한 시간에 같은 발걸음 수로 산책을 했습니다. 그리고 앤디 워홀은 물건을 버리지 못해 짐을 쌓아두고 살았다고 전해지죠. 이처럼 천재와 괴짜는 동전의 양면과 같은 것일지도 모르겠습니다.

🔖 쓸쓸한 말년

테슬라는 평생을 독신으로 살았습니다. 과학 기술을 발전시켜 인류가 편리함을 누릴 수 있도록 하려 했던 테슬라의 신념과 달리 사람들은 수익만을 중시했고, 돈이 중요했던 사람들은 테슬라에게서 멀어졌습니다.

말년에 유일한 친구는 비둘기였는데, 그중에서도 유독 아끼는 비둘기가 있었다고 합니다. 그는 호텔에서 생활하며 공원 비둘기들에게 먹이를 주면서 대부분의 시간을 보냈는데, 실제 뉴욕시는 테슬라가 자주 방문하던 공원 앞 길을 '테슬라 거리'라고 지정했습니다.

테슬라는 81세 때, 여느 때처럼 비둘기에게 먹이를 주기 위해 거리를 건너던 중 택시에 치이는 사고를 당했습니다. 그 충격으로 골절상을 당했는데도 늘 그랬듯 병원에 가지 않았죠. 1943년 1월 7일, 결국 테슬라는 장기 투숙 중이던 호텔 방에서 홀로 세상을 떠났고, 3일 만에 객실 청소부에 의해 발견됐습니다. 화려하게 빛났던 젊은 날에 비해 그의 노년은 이처럼 조용하고 쓸쓸했습니다.

다시 보는 테슬라,
진정한 과학자 정신

테슬라는 시대를 앞서간 발명 아이디어를 많이 가지고 있었지만, 당장 상용화하기 어려운 것들도 많았습니다. 그러다 보니 일각에서는 그를 이해하지 못하고 미친 사람으로 취급하기도 했고, 그의 생애 마지막에는 결국 비둘기만 남게 되었습니다.

그래도 자동차 브랜드로, 자기장의 단위로, 화폐 모델로 우리 생활 곳곳에서 부활했으니, 테슬라도 기뻐하지 않을까요? 특히 1960년대 초에 자기장 세기의 단위를 테슬라(T)로 지정한 게 어쩌면 학자로서 노벨상보다 더 영광스러운 명예였을지도 모릅니다. 우리가 '테슬라'라는 이름을 기억해야 하는 이유는 명확합니다. 그의 혁신적인 발명품들과 과학에 대한 기여는 오늘날의 기술 발전에 지대한 영향을 미쳤기 때문입니다.

1896년 11월 16일, 나이아가라폭포 교류 발전소 축하 파티에서 테슬라의 정신이 그대로 드러난 연설이 있었습니다.

" 성공이나 어떤 물질적인 이득이나 보상을 위해서가 아니라,
세상과 모든 사람들을 위해 일하는 정신을 존중하라. "

테슬라의 목표는 누구나 필요할 때 아무 데서나 무제한의 전기를 아주 싼 값에 얻을 수 있도록 하는 것이었습니다. 심한 육체노동의 사슬에서 벗어나 번영과 평화를 누릴 수 있기를 바랐고 그게 바로 과학이 존재하는 이유라고 믿었죠. 자신의 부와 명예를 지키기보다 다수의 이익과 편리함을 중요시했던 테슬라. 이제 괴짜라고 부르기 이전에 그를 위대한 과학자로 기억해야겠습니다.

1899년, 콜로라도 스프링스 실험실의
고전압 발생기 옆에 앉아있는 테슬라

인물사담회
다시 보기

3

세기의 예언가인가? 희대의 사기꾼인가?
노스트라다무스

#종말론 #예언가 #백시선 #의사 #흑사병 #장미환 #궁중의_예언가 #혹세무민

Michel de Nostredame

(1503.12.14.~1566.7.2.)

예언이나 사주, 별자리, 운세…. 혹시 신년이 되거나 중요한 일을 앞두고 한 번쯤은 궁금하지 않으신가요? 정확히 들어맞는다며 믿는 사람들도 있고, 전부 지어낸 말이라며 믿지 않는 사람들도 있죠.

여기 무려 500년 이후의 사건들을 예측했다는 화제의 예언가가 있습니다. 내일이나 1년 후도 아니고 무려 500년 이후라니! 그가 펴낸 책에는 인류의 미래가 담겨있다고 합니다. 히틀러의 출현, 일본에 떨어진 원자폭탄, 9·11 테러, 우크라이나-러시아 전쟁까지 예언했다고 하는데…. 20세기 말 세상을 떠들썩하게 한 프랑스의 대 예언가, 아는 사람 노스트라다무스의 모르는 이야기. 지금부터 살펴보겠습니다.

'아는 사람'
노스트라다무스

📖 지구 종말을 예측한 노스트라다무스?

20세기 말 세계적으로 종말론이 퍼지면서 사회적 혼란이 광범위하게 일어났습니다. 대중 사이에 미래에 대한 불안감과 공포가 증폭됐고, 일부에서는 전 세계적인 경제 붕괴, 대규모 자연재해, 심지어 외계인의 침공과 같은 극단적인 시나리오까지 횡행했습니다. 이런 근거 없는 소문과 예측들이 대중 매체와 인터넷을 통해 빠르게 퍼져나가면서 많은 사람이 식량과 생필품을 사재기하기 시작했고, 일부는 벙커를 만들어 그 안에 들어가는 등 극단적인 생존 준비를 하기도 했죠.

'Y2K 버그' 또는 '밀레니엄 버그'라 불리는 컴퓨터 바이러스에 대한 공포도 있었습니다. 2000년이 되면 많은 컴퓨터 시스템이 연도를 '00'으로 인식하여 시스템 날짜를 1900년으로 잘못 해석할 가능성이 있다는 우려에서 비롯되었죠. 사람들은 이로 인해 핵무기가 잘못 발사되거나, 은행 계좌의 잔고가 사라지고, 병원 시스템과 교통신호 시스템이 붕괴할 수도 있다고 두려워했습니다.

그러나 2000년 1월 1일이 되었을 때, 아무 일도 발생하지 않았습니다. 컴퓨터 시스템들은 대체로 정상 작동했고, 큰 혼란이나 재난은 일어나지 않았죠. 이렇게 허무하게 끝난 종말론은 사람들에게 안도감을 주었지만, 동시에 1999년의 사회적 혼란이 얼마나 많은 불안과 공포를 조성했는지를 상기시켜 주었습니다.

당시 이런 종말론의 중심에는 노스트라다무스의 예언이 있었습니다. 후대의 많은 사람이 그의 예언서를 보고 1999년 7월 24일을 '세계 멸망의 날'로 믿은 것입니다.

노스트라다무스의 예언은 모두 같은 형식의 4행시입니다. 많은 사람이 세계의 종말을 경고한 예언으로 믿은 시에는 이렇게 적혀있습니다.

"L'an mil neuf cens nonante neuf sept mois
1900, 90, 9, 일곱 번째 달

Du ciel viendra vn grand Roy d'effrayeur
하늘에서 공포의 대왕이 내려온다.

Resusciter le grand Roy d'Angolmois,
앙골모아의 대왕을 부활시키리라

Auant apres Mars regner par bon heur.
그 전후로 화성이 행복하게 지배하리라" _X-72

이 시가 세계의 종말을 예고했다고 믿은 사람들은 시의 첫 줄에 있는 '1900, 90, 9, 일곱 번째 달'을 '1999년 7월'로 해석했습니다. 이들은 '하늘에서 공포의 대왕이 내려온다'는 구절을 매우 강력하고 무서운 인물이 하늘에서 내려오는 것으로 해석하고, 이를 세계적 재난이나 큰 변화의 상징으로 봤습니다. 또한 '앙골모아의 대왕을 부활시키리라'에서 '앙골모아'는 고대 프랑

한국에서 출간된 고도 벤의 도서.
《노스트라다무스 '최후의 대예언'》, 하늘출판사, 1994.

스의 지역이나 특정 역사적 인물을 지칭하며, 과거 중요 인물이나 힘이 다시 나타날 것임을 암시한다고 해석했습니다. 그리고 시의 마지막 줄 '그 전후로 화성이 행복하게 지배하리라'에서 '화성'은 신화에 나오는 전쟁과 관련된 신을 의미한다고 했죠.

　'1999년 종말론'이 국내에 확산된 데는 일본에서 노스트라다무스를 연구한 일본의 기자이자 작가인 '고도 벤'이 있었습니다. 1970년대부터 그는 노스트라다무스의 다양한 예언에 관해 발표했는데, 그의 저서《노스트라다무스의 최후 대예언(ノストラダムスの大予言)》에는 노스트라다무스가 제3차 세계대전, 지각 변동, 소행성 충돌과 같은 사건들을 예언했다고 주장하고 있습니다. 결국 지구에 큰 난리가 나 세계가 멸망한다는 것이죠.

　고도 벤의 예언 해석집은 1970~1980년대 일본에서 엄청난 인기를 끌었고 더불어 한국에서도 번역서가 상당히 많이 팔렸습니다. 워낙 화제가 돼서 일본에서 <노스트라다무스의 대예언>이라는 영화로도 제작됐죠.

　우리나라 사람들이 유독 노스트라다무스의 예언에 주목했던 건 1990년대에 큰 사건 사고가 많았던 것이 영향을 미쳤던 게 아닐까요? 1994년 성수대교 붕괴 사고, 1995년 삼풍백화점 붕괴 사고, 1997년 IMF 구제금융까지. 1999년에 다가올수록 재앙이 많아져서 새로운 세상에 대한 불안감이 컸던, 말 그대로 혼돈의 세기말이었기 때문일 겁니다.

노스트라다무스 예언의 실체

노스트라다무스의 예언집은 실제로 《백시선(Centuries)》이라는 이름으로 존재합니다. 이 책은 100편의 시를 하나의 묶음으로 삼아, 9개 묶음과 추가적인 42편을 포함해 총 942편의 시를 수록하고 있습니다. 처음에는 354편을 모아 1555년에 초판이 출간되었고, 그의 사망 2년 후인 1568년에 최종판이 출간돼 오늘날까지 전해지고 있습니다.

《백시선》은 출간 당시부터 많은 관심을 받았습니다. 1555년 초판을 발행한 다음 해에는 이탈리아어 번역본이, 1559년에는 영어 번역본이 출간되었죠. 16세기 초에는 글을 읽을 줄 아는 사람이 많지 않았고, 인쇄술과 출판업이 아직 발전하지 못해서 책값도 비쌌습니다. 그럼에도 불구하고 그의 예언집이 여러 나라에서 판매됐다는 것은 그의 책이 국제적으로 상당한 화제였다는 것을 의미합니다.

그의 예언서 중에서 특히 주목받았던 예언을 살펴보겠습니다.

" Cinq & quarante degrez ciel bruslera
5와 40도에서 하늘이 타리라.

Feu approcher de la grand cité neuue
불은 거대한 새 도시로 다가가고

Instant grand flamme esparse sautera
그 즉시 거대한 화염들이 산발적으로 솟구치리라.

Quand on voudra des Normans faire preuue
노르망의 증거를 요구하려 할 때." _VI-97

이 시는 미국 9·11 테러를 예언한 것으로 해석되기도 합니다. 시에 나타
난 5와 40도를 후대 사람들이 40.5로 해석한 것이죠. 뉴욕 맨해튼의 위도가
40.5와 비슷한 40.47°이기 때문인데 여기에 'new'라는 단어가 들어가는 대도
시가 뉴욕(New York)뿐이니 합치면 뉴욕에서 일어난 9·11 테러를 예언한 것
이 아니냐는 해석이었습니다.

그런데 이 예언을 이렇게 해석하면 곤란한 점이 있습니다. 노스트라다무
스가 살던 16세기에는 소수점 표기가 없었습니다. 따라서 40과 5를 40.5로 해
석하는 건 작위적 오류라고 할 수 있죠. 또 다른 예언도 살펴봅시다.

"Bestes farouches de faim fleuues tranner,
사나운 야수들이 굶주린 채 강을 헤엄쳐 건너리라.

Plus part du camp encontre Hister sera,
더 많은 군대가 히스터(Hister)와 맞설 것이다.

En cage de fer le grand fera trainner,
거대한 지역이 철의 우리로 끌려들어 간다.

Qunad Rin enfant Germain oberuera.
그때 게르만의 아이들은 아무것도 보지 못하리." _II-24

여기에 나오는 사나운 야수들과 군대는 전쟁을 예언한 것일까요?

이 시는 노스트라다무스의 추종자들 사이에서 히틀러에 관한 예언으로 널리 알려져 있습니다. 시에서 언급된 '히스터(Hister)'라는 이름이 히틀러(Hitler)와 유사하고, '철의 우리'가 2차 세계대전에서 사용된 벙커나 탱크를 상징한다고 해석되기 때문이죠.

하지만 노스트라다무스의 예언에 회의적인 이들은 '히스터'가 다뉴브강의 라틴어 명칭이며, 이 강이 로마제국의 국경 지역이자 군사적 요충지였다는 점에서 강의 이름으로 해석하는 것이 더 타당하다고 주장합니다.

이렇듯 노스트라다무스의 예언을 살펴보면 그가 어떤 방식으로 글을 썼는지 이해하는 것이 중요하다는 것을 알게 됩니다. 그의 글은 문법에 맞지 않고 프랑스어 단어들이 단순히 나열된 형태로, 그리스어, 히브리어, 프랑스 프로방스어, 지방 사투리, 라틴어까지 섞여 있습니다. 또한 노스트라다무스는 철자와 문장 구조를 바꾸거나 생략하기도 했습니다. 특히 한국어의 '은, 는, 이, 가, 을, 를' 같은 조사가 생략된 글이 많았는데, 이런 식으로 글을 작성해 해석의 논란을 유도하기도 했습니다.

그는 왜 이런 방식으로 글을 썼을까요? 노스트라다무스 본인은 예언서를 읽는 사람들이 동요하지 않게 하려고 특정한 사람들만 해석할 수 있게 썼다고 설명했습니다. 그러나 그가 살던 16세기 프랑스가 종교개혁 후 로마가톨릭교와 신교파가 대립하는 상황이었다는 점을 고려하면, 종교와 정치의 압박을 피하려고 일부러 어렵게 썼다고 볼 수도 있습니다.

노스트라다무스의
'모르는 이야기'

🔲 노스트라다무스는 사실 의사였다?

파리에서 700km 정도 떨어진 살롱 드 프로방스 마을에는 노스트라다무스가 사망할 때까지 20년간 살았던 집이 있습니다. 그 마을은 인구 5만여 명이 사는 작은 농촌 마을로, 당시 모습 그대로를 잘 보존해서 중세 시대의 모습과 르네상스의 역사를 고스란히 느낄 수 있습니다. 그리고 그 마을에서 눈에 띄는 유적지가 있는데, 바로 '노스트라다무스 박물관'입니다. 박물관 뒤엔 그의 동상도 있죠.

박물관 4층으로 올라가면 《백시선》 전체가 벽면 가득 적혀있습니다. 그리고 그의 첫째 아들인 '세자르'에게 부치는 서문을 살펴볼 수 있습니다. 이 벽을 지나면 노스트라다무스의 작업실이 나옵니다. 꽤 좁은 공간에 책상이 있고, 책이 가득 비치돼 있으며 노스트라다무스의 모형이 자리하고 있죠. 노스트라다무스는 이 집의 테라스를 개조해 방으로 썼는데, 이곳은 별자리를 보기 위해 필요한 공간이었다고 합니다. 그는 밤에 테라스에서 별을 보며 예언서를 집필했죠.

작업실에는 약초를 재배하기 위한 장치도 있습니다. 왜 그의 작업실에 약

초를 재배하는 장치가 있었을까요? 사실 그는 당시 유명한 의사였다고 합니다. 추기경과 주변 마을의 죄수들을 치료하기도 했다죠. 의사로서 안정적인 직업을 가졌지만 그는 당시 유행하던 점성술에 흥미를 느껴 점성술사로도 활동한 것입니다. 그러니까 점성술사 초기에는 의사가 본업이고, 점성술사가 부업이었던 것이죠.

🔲 노스트라다무스의 성장기

　노스트라다무스는 1503년 12월 14일, 프랑스의 생 레미 드 프로방스 마을에서 태어났습니다. 이 마을은 노스트라다무스 박물관이 위치한 살롱 드 프로방스에서 서쪽으로 약 35km 떨어진 한적하고 조용한 곳입니다. 노스트라다무스의 생가 외벽에는 '점성가 노스트라다무스로 알려진 미셸 드 노트르담이 1503년 이곳에서 태어났다'라고 적혀있으며, 현재는 거주하는 사람이 있어 내부로 늘어갈 수는 없다고 합니다.

노스트라다무스의 가문은 경제적으로 안정된 유대인 출신의 가톨릭 가정이었습니다. 그의 부모는 상당한 재산을 소유하고 있었으며, 이를 통해 그는 어린 시절부터 좋은 교육을 받을 수 있었다고 합니다.

특히 그의 할아버지는 의사이자 천문학자로 그에게 라틴어, 그리스어, 히브리어, 수학, 천문학 등의 기초를 가르쳤습니다. 할아버지의 교육은 노스트라다무스가 후에 의학과 점성술에 깊이 빠져들 수 있는 기반이 되어주었죠. 또한 그의 아버지는 공증인이었으며 아들의 학습과 연구를 적극적으로 지원했습니다. 이러한 가족의 영향으로 노스트라다무스는 14세에 의대 진학을 결정했습니다.

📖 16세기 의사들의 별난 치료법

현대의 의사들은 과학자로서 질병을 분석하고 가장 적합한 치료법을 찾습니다. 그러나 16세기의 의사들은 다르게 접근했습니다. 의사는 단순히 의학적 직업을 넘어 신학자, 철학자, 점성술사, 연금술사, 그리고 예언가의 역할까지 말았습니다. 그 시기의 의학은 히포크라테스와 같은 고대 의학자들이 제시한 체액설에 기반을 두었죠. 이 이론은 인간의 몸이 점액, 혈액, 흑담액, 황담액이라는 네 가지 체액으로 구성되어 있다고 보았고, 이것으로 모든 질병을 설명하고 진단할 수 있다고 믿었습니다.

하지만 이 체액설은 실제 치료에 있어서 거의 효과가 없었습니다. 당시 많은 의사는 환자의 질병을 체액설에 끼워 맞춰 그럴듯하게 설명하는, 치료보다는 언변에 능한 사람이었다고 할 수 있었죠. 그러니 대부분의 치료는 의미가 없었고, 오히려 환자에게 더 큰 고통을 주고 심지어 죽음을 앞당기기까지 했습니다.

예를 들어, 환자가 열이 나서 찾아오면 의사는 피를 뽑았고 외상을 치료할 때는 끓는 기름을 붓거나 짐승의 대변을 바르고 붕대로 싸맸는데, 둘 다 오히려 상처 감염의 위험을 높이는 행위였습니다. 흑사병을 치료할 때도 몸을 깨끗하게 한다며 피를 흘리게 하고, 오염된 공기가 병의 원인이라며 뜨거운 증기를 쐬어 치료하는 훈증법을 사용하기도 했습니다. 또 영혼이 잠을 자는 사이에 병에 걸리니까 잠을 자지 말라고 하는가 하면, 운동과 채소 섭취를 금지하고, 목욕도 하지 말고, 심지어 보는 것만으로도 감염되니 눈을 가리라고까지 했습니다. 이처럼 당시 의사가 치료할 수 있는 질병은 거의 없었고, 적극적으로 처방할수록 환자를 더 위험하게 하는 꼴이었죠.

당시에 의사로 활동하던 노스트라다무스는 어땠을까요? 흑사병이라는 대재앙 앞에서 당시의 의학이 아무 효과가 없다는 것에 노스트라다무스는 환멸을 느꼈다고 합니다. 그 때문에 그는 신비주의와 형이상학을 탐구하게 되었고, 당시의 의학을 넘어선 새로운 답을 찾기 위해 점성술과 예언에 관심을 가졌는지도 모르겠습니다.

🗒 흑사병 창궐 당시의 노스트라다무스

14세기, 유럽엔 흑사병이 창궐했지만 딱히 치료법이 없어서 유럽에서만 7,500만~2억 명의 목숨을 앗아갔습니다. 이후 19세기까지 유럽에서는 흑사병이 산발적으로 계속됐습니다.

노스트라다무스는 14세에 아비뇽 의과대학에 입학했지만, 흑사병으로 학교가 문을 닫아서 학위를 받을 수 없게 됐습니다. 그래서 그는 궁여지책으로 약제사로 일하며 프랑스, 이탈리아, 스페인 등 유럽을 돌면서 8년간 약초를 연구했습니다.

1529년, 그는 약제사 경력을 숨긴 채 몽펠리에 의과대학에 다시 진학했습니다. 그런데 한 교수가 노스트라다무스에게 이렇게 말했습니다.

"너, 약제사였다며? 약제사는 의사 생활 못 하는 거 알지?"

오늘날 약사가 선망의 직업인 것과 달리, 당시의 약제사는 약사라기보다는 산에서 약초를 캐는 사람에 가까웠습니다. 약의 제조 방법이나 성분이 전혀 밝혀지지 않았던 당시에는, 사람들이 알고 있던 각종 풀의 효능이 대부분 경험과 구전된 내용에 기반한 것이었죠. 약제사 경력을 들켜버린 노스트라다무스는 결국 퇴학당합니다.

하지만 그럼에도 그의 의학적 노력은 계속됐습니다. 21세기 코로나 팬데믹 동안 김치를 먹으면 낫는다, 뜨거운 것을 먹으면 낫는다는 등 온갖 민간요법이 많았던 것처럼, 흑사병 유행 당시 노스트라다무스도 흑사병을 치료할 수 있다는 특별한 치료법을 개발해 이름을 날립니다.

흑사병이 유럽을 휩쓸 때 많은 의사가 질병에 대한 치료법을 찾기 위해 노력했지만 성공하지 못했습니다. 반면 노스트라다무스는 기존의 방법과는 다른 방법을 사용했습니다. 그는 의학 서적을 연구하고 다양한 천연 재료를 이용한 치료법을 개발하려고 했죠. 그렇게 개발된 특효약이 바로 장미 환입니다. 그는 장미 가루가 흑사병 치료에 효과가 있을 것이라고 믿었으며, 장미 꽃잎을 건조해 만든 가루로 환을 만들어 이를 환자들에게 사용했죠. 장미가 당시에 약초로 사용되었기에 흑사병 증상을 완화하는 데 도움이 될 것으로 생각한 겁니다.

노스트라다무스는 흑사병을 치료하는 데 장미 환을 적극적으로 사용했고, 실제 그가 활동했던 마을에서는 다른 마을에 비해 흑사병으로 인한 사망률이 현저히 낮았습니다. 다른 마을에서는 10명 중 5~6명이 사망하는 동안 노스트라다무스가 활동한 마을에서는 10명 중 3명 정도만 사망했죠. 덕분에 당대 의료계에서도 꽤 인정을 받았습니다.

그런데 정말 장미 환이 흑사병 치료에 효과적이었을까요?

사실 현대 의학의 기준에서 보면 장미 환은 흑사병을 치료하는 데 그다지 효과가 없었을 것이라고 합니다. 장미 가루에 비타민 C가 포함돼 있고 오랫

흑사병이 창궐하던 시기
의사들이 착용했던 마스크

동안 사람들이 허브로 써왔지만 이는 어디까지나 '건강보조식품' 정도의 기능을 할 뿐이라는 것이죠. 흑사병 환자가 먹었을 때 다만 나쁘지 않은 정도였을 겁니다. 그렇다면 노스트라다무스가 활동한 마을에서는 어떻게 사망자가 적었던 걸까요?

노스트라다무스는 당시 다른 의사들보다 위생 개념이 철저했다고 합니다. 치료 과정에서 깨끗한 물을 사용하고, 감염된 시체를 즉시 처리하는 등 위생을 중요하게 생각했습니다. 병원성 세균에 대한 개념이 1850년대에야 처음 등장했으니, 당시 의사들은 세균과 관련된 지식이 전혀 없었다고 봐도 무방합니다. 당시 의사들은 흑사병이 나쁜 냄새나 공기로 전염된다고 생각해서 까마귀 부리 모양의 마스크에 허브를 잔뜩 넣어 착용했죠. 하지만 흑사병은 세균에 의해 감염되는 질병이고, 노스트라다무스가 이를 알았는지는 알 수 없지만 그의 위생적인 조치는 추가 감염을 줄여 흑사병 치료에 효과적이었습니다. 세균이 발견되지 않은 시대이다 보니 사람들 눈에는 장미 환이 특효약처럼 보였을 수도 있죠. 어쨌든 그 덕분에 노스트라다무스는 의사로서 명성을 얻을 수 있었습니다.

📖 잇따르는 시련

프랑스와 이탈리아를 돌아다니며 흑사병을 치료하던 의사 노스트라다무스는 프랑스 남서부에서 이름을 떨치던 학자 '율리우스 시저 스캘리거'에게 함께 연구하자는 초대도 받았고, 귀족들의 후원도 받았습니다. 그리고 프랑스로 돌아와 결혼하고 1남 1녀를 낳았으며, 평탄한 생활 중 널리 이름을 알리며 돈도 잘 벌었다고 합니다.

그러던 1534년, 그가 외국에서 환자들을 치료하던 중 고향에서 뜻밖의 소식을 듣게 됩니다. 그의 아내와 아이들이 흑사병으로 사망했다는 비보였습니다. 사람들은 본인 가족도 흑사병으로부터 지키지 못한 사람이 다른 사람들을 치료하는 의사냐며 손가락질했습니다. 후원이 끊기고, 무엇보다 화가 난 처가로부터 지참금 반환 소송을 당하는 등 예상치 못한 인생의 풍파를 만나게 됩니다. 가족을 잃은 슬픔은 처가에게도 컸겠지만, 노스트라다무스 자신이 가장 큰 슬픔을 느꼈을 것입니다.

시련은 아직 끝나지 않았습니다. 1538년 어느 날, 노스트라다무스는 종교적인 조각상을 보고 "악마를 만들었다"라고 지적했는데, 이 발언으로 인해 이교도로 몰리고 말았습니다. 당시에는 종교의 권위가 매우 높고 마녀사냥이 일어나는 시기였기에 잘못된 말 한마디가 종교재판으로 이어질 수 있었습니다. 그는 조각상의 미적 요소가 부족하다고 지적했을 뿐이라고 해명했지만, 결국 종교재판에 출두하라는 명령을 받았죠.

가족의 죽음과 소송, 종교재판까지 겪으며 심리적 압박과 고통이 커서 모든 것을 포기하고 싶었을 것입니다. 노스트라다무스는 종교재판에 출두하지 않고 거주하던 프로방스를 떠나 이탈리아, 그리스, 튀르키예 등 지중해 지역을 수년간 여행했습니다. 그리고 이 여행 동안 그는 점차 예언의 세계로 깊이 빠져들기 시작합니다.

📖 예언가로 거듭난 노스트라다무스

한편, 이 시기를 전후로 '예언가 노스트라다무스'에 대한 전설같은 이야기가 전해집니다. 떠돌이 생활 중이던 노스트라다무스가 한 수도승, 펠리체 페레티를 만났습니다. 그를 보자마자 무릎을 꿇고 "교황님, 인사드립니다"라고 인사한 것이죠. 당시 펠리체는 노스트라다무스의 행동을 이해하지 못하고 놀랐습니다. 하지만 후에 1585년, 노스트라다무스가 죽은 뒤 펠리체 페레티는 로마의 교황 식스토 5세로 서품되었고 교황청 개혁을 이끕니다.

1545년에 노스트라다무스는 사람들이 종교재판에 관해 잊었다고 판단하고 프랑스로 돌아와 흑사병 환자들의 치료를 재개했습니다. 그는 예언가의 길로 들어서면서도 의사로서의 사명을 다했죠. 그리고 1547년에는 '안느 퐁사르'라는 과부와 재혼하고 살롱 드 프로방스에 정착하여 여러 저작을 출간했습니다.

노스트라다무스는 처음부터 예언서를 출판한 건 아니었습니다. 처음에는 로마 의사 '갈렌'의 책을 번역했고 화장품, 사탕, 잼 만드는 방법을 정리한 요리책도 썼습니다.

그리고 점차 의학에서 벗어나 점성술과 신비주의에 관한 책을 쓰기 시작했습니다. 1550년에는 처음으로 점성술 정보와 그해 예측을 담은 연감을 작성하여 인기를 얻었고, 이를 계기로 그의 이름이 프랑스 전역에 퍼지기 시작했죠. 1555년에는 드디어 《백시선》 초판을 출간했습니다. 앞에서 말했던 것처럼 이때는 아직 미완성이었지만 2000년간의 예언을 담은 10권의 대작을 완성했죠. 그리고 그의 예언과 점성술은 귀족과 유명 인사들에게도 큰 관심을 받게 됩니다.

🔲 궁정의 예언가 노스트라다무스

노스트라다무스가 당대에 예언가로서 명성을 얻게 된 데는 한 사람의 역할이 컸습니다. 프랑스 전역에 예언가 노스트라다무스의 소문이 퍼져서 궁정까지 소문이 들어가게 되었고, 궁정에 있던 사람 중 그의 이야기에 귀가 솔깃해진 인물이 있었으니, 이탈리아의 명문가인 메디치 가문 출신으로 프랑스 왕비가 된 '카트린 드 메디치'였습니다.

카트린은 일찍 부모를 여의고 친척들 손에 자라다가, 이탈리아 전쟁 시기 프랑스와의 협상을 위해 14세에 프랑스 왕 '프랑수아 1세'의 둘째 아들 '앙리 2세'와 혼인했습니다. 그 후 프랑수아 1세의 첫째 아들이 갑작스럽게 사망하면서 앙리 2세가 프랑스 왕으로 즉위하고 카트린은 왕비가 되죠. 하지만 앙리 2세가 사랑한 사람은 따로 있었고 결혼 후에도 그를 자신의 옆에 두었습니다. 카트린이 왕비였지만 궁정의 실세는 앙리 2세의 정부였습니다. 그렇게 카트린은 외국인 신분과 자신의 저시로 인해 궁성에서 조롱과 멸시의 대상이 돼야 했습니다.

카트린
드 메디치

자신의 불안한 상황 때문이었을까요? 카트린은 노스트라다무스의 예언서에 깊은 관심을 보였고, 그를 궁정으로 불렀습니다. 그 후 노스트라다무스는 별자리를 해석하고 미래를 예측하여 카트린에게 여러 조언을 했습니다. 그중 하나의 예언이 앙리 2세의 죽음에 관한 것이었습니다.

"Le lyon ieune le vieux furmontera,
젊은 사자가 늙은 사자를 이겨낼 것이네,

En champ bellique par fingulier duelle
그것도 홀로 싸우는 경연장에서,

Dans caige d'or les yeux luy creuera
황금색 철창 속의 눈을 꿰찌를 것이고

Deux claffes vne, puis mourir, mort cruelle.
한 번에 두 군데 상처로 참혹하게 죽는다네." ⌐I-35

앙리 2세는 중세 시대에 성행했던 귀족 스포츠인 마상 창 시합 중에 사망합니다. 이 시합은 말을 탄 기병 두 명이 창을 들고 격돌하는 대결인데, 상대 기사의 창이 앙리 2세의 투구를 뚫고 눈을 찔러 사망에 이르게 한 것이죠. 왕의 상대는 젊은 귀족이었던 몽고메리 백작이었습니다. 창이 투구를 뚫고 들어왔다는 건 '한 번에 두 군데 상처'고, 몽고메리 백작은 '젊은 사자'라고 해석할 수 있지 않을까요? 그렇다면 앙리 2세가 예언과 꼭 맞아떨어지게 죽음을 맞이한 것이겠죠.

노스트라다무스의 예언서에 실제로 앙리 2세에 대한 예언이 남아있습니다. 놀랍게도 500년 전의 예언서의 출간본이 양피지로 튼튼하게 만들어진 덕에 지금까지도 온전한 상태를 유지하고 있죠. 앙리 2세의 죽음을 예언한 시는 《백시선》 1편의 35번째 4행시에 있으며, 카트린 드 메디치가 이 예언을 접한 뒤로 궁정 전체가 알게 되었고, 전 세계에 알려지게 됐습니다.

과거에는 왕에 대해 불길한 예언을 하면 죽음을 피하지 못하는 경우들이 있었는데, 왕의 죽음을 예언한 노스트라다무스는 당시 무사했을까요? 이 예언 때문에 실제로 노스트라다무스는 궁정에 불려 가게 되지만 죽기는커녕 선물을 하사받았다고 합니다. 그러나 궁정에서 돌아와 봉투를 열어본 노스트라다무스는 여행 경비도 안 되겠다고 불평했습니다. 선물은 만족스럽지 못했지만 그래도 그의 예언 능력은 인정받았던 것 같습니다.

앙리 2세에 대한
예언이 담긴 《백시선》

앙리 2세의 죽음 이후 카트린은 노스트라다무스를 다시 궁정으로 불러들였고 그녀의 자식들에 대해 자문했습니다. 노스트라다무스는 그의 세 아들이 모두 왕이 될 것이라고 예언하고 카트린의 신뢰를 얻게 되었죠.

결국 이 예언도 적중하긴 했습니다. 실제로 카트린의 첫 번째 아들인 '프랑수아 2세'는 앙리 2세가 사망한 후에 15살에 불과한 나이로 왕이 됩니다. 그러나 몸이 약하고 어려서 통치 능력이 없었던 탓에 카트린이 섭정을 해야 했습니다. 그는 재위 1년 만에 귀에 생긴 농양으로 요절했고 뒤를 이은 둘째 아들 '샤를 9세'가 10살의 나이로 왕위에 오르게 됩니다. 하지만 그 역시 통치 능력이 부족해 카트린이 연이어 섭정했는데 샤를 9세도 재위 14년 만에 후계자 없이 사망하고 말았죠. 그리고 마지막 아들이었던 '앙리 3세'가 폴란드의 왕이자 프랑스 왕이 되었는데 종교 전쟁 중 암살을 당해 그 또한 후계자 없이 죽고 말았습니다. 그러니까 세 아들이 왕이 될 것이라는 예언은 맞았으나 모두 사망하는 비극을 맞이한 것이죠.

카트린 드 메디치는 평생 점성가의 자문에 의지했다고 전해집니다. 젊은 시절부터 점성술과 신비주의에 깊은 관심을 보인 그는, 별자리와 천문 현상이 인간 세상에 영향을 미친다고 믿었으며 이러한 신념은 국가의 중대사를 결정하는 데 중요한 기준이 되었습니다. 노스트라다무스의 예언이 현실이 되면서 궁정에서 그에 대한 신용이 절대적이었다고 합니다.

노스트라다무스 당시에는 왕들이 예언을 믿는 게 프랑스뿐만 아니라 여러 나라에서 흔한 일이었습니다. 르네상스 시대 유럽에서는 천문학과 점성술이 학문적으로 인정받는 분위기였죠. 45년간 잉글랜드를 통치한 튜터 왕조의 마지막 군주인 '엘리자베스 1세'도 점성술을 신봉하여, 여왕으로 즉위하는 날

을 잡기 위해 점성가 존 디를 찾아 자문을 구했다고 합니다. 우리가 이사하는
날을 잡을 때 '손없는날'을 고르듯이 말이죠.

📖 혹세무민의 예언가?

노스트라다무스는 예언으로 명성을 얻기도 했지만 그의 예언으로 인해
논쟁의 중심에 서기도 했습니다. 1558년 당시 유력 인사들의 참모로 활동했
던 '로렌스 비델'이 출판한 문서를 보면 노스트라다무스가 예언한 내용에 대
한 비판글이 실려 있습니다.

> "노스트라다무스는 진정한 점성술에 대해 아무것도 이해하지 못하는 것보다
> 는 덜 이해하고 있으며 이것은 학식 있는 사람뿐 아니라, 점성술을 갓 배우기
> 시작한 사람도 알 수 있을 정도다.
> 노스트라다무스의 작품이 충분히 보여주듯, 그는 어떤 천체의 가장 작은 움직
> 임도 계산할 수 없다."
>
> _미셸 노스트라다무스의 학대, 무지, 선동에 관한 선언 중

아주 신랄한 비판입니다. 제목부터 '학대', '무지', '선동'에 대한 비판이라
고 못을 박았죠. 노스트라다무스는 인기가 많았으니 요즘말로 안티팬도 많았
을 겁니다. 실제로 몇 년 후 카트린의 둘째 아들인 당시 국왕 샤를 9세는 노스
트라다무스에 대한 체포 명령을 내려, 실제로 말 마리냥 감옥에 잠시 투옥되
기도 했습니다. 죄목은 '혹세무민(惑世誣民)', 즉 세상을 어지럽히고 백성을
속인다는 것이었습니다. 당시에는 교회 주교의 허락 없이 예언서를 쓰는 행

위 자체를 금지했는데, 그가 다음 해를 예측하는 연감 예언서를 1562년에 허락 없이 썼기 때문이었죠. 연감 예언서는 단순히 1년간의 기후와 실용적인 정보를 담은 달력형 예언서지만 노스트라다무스를 체포할 당시 프로방스 총독은 국왕에게 이런 편지를 보냅니다.

> **"**노스트라다무스를 체포하여 구금하고 있습니다.
> 그에게 더 이상 예언서를 쓰지 말라고 했고, 노스트라다무스도 그러겠다고 약속했습니다.**"**

또 한 번의 위기를 맞은 노스트라다무스. 하지만 그가 투옥됐음에도 인기가 사그라든 건 아니었습니다. 몇 년 후 샤를 9세는 시민들의 반응을 직접 확인하기 위해 어머니 카트린 왕비와 함께 왕국을 순회할 때 노스트라다무스의 집에 방문했으며, 카트린 여왕은 노스트라다무스를 샤를 9세의 참사(자문역)로 임명합니다. 샤를 9세에 의해 투옥되기도 했지만, 카트린은 여전히 그가 필요했던 것이죠.

노스트라다무스에 대한 평가

노스트라다무스는 흑사병이 창궐하던 시기에도 굴하지 않고 의사로서 앞장섰습니다. 게다가 단순한 의료 활동에만 그치지 않고, 실용적인 지식을 담은 서적들을 출간하기도 했죠. 이런 점에서 볼 때, 그는 분명 자신의 일에 대한 깊은 열정과 사명감을 지닌 인물이었다고 볼 수 있습니다.

그 당시 많은 사람이 흑사병으로 인한 공포에 떨고 있을 때, 노스트라다무스는 흑사병을 치료하는 방법을 연구하며 그가 발견한 사실을 사람들과 공유했습니다. 그의 치료법이 오늘날 말도 안 되는 것이라 평가받아도, 그 당시에는 그것이 최선의 노력이었을 겁니다. 노스트라다무스에게서 강한 사명감과 함께, 사람들을 돕고자 하는 진심이 느껴집니다.

하지만 인간은 누구나 여러 면모를 가지고 있게 마련입니다. 노스트라다무스의 행동 뒤에는 사명감만이 아니라, 개인적인 욕구나 공명심, 명예욕도 있었을 수 있습니다. 그가 이 모든 활동을 통해 얻고자 했던 것이 무엇이었는지, 그의 내면까지 완전히 이해하기는 어렵습니다.

노스트라다무스는 그의 시대에 다양한 동기로 여러 활동을 펼쳤습니다. 그의 행적에는 사명감뿐만 아니라 개인적인 욕구나 명예욕도 섞여 있었을 것입니다. 그러나 이유가 무엇이든 간에 그의 예언서가 500년이 지난 오늘날까지도 우리에게 직간접적인 영향을 끼치고 있는 것은 사실입니다. 노스트라다무스의 존재와 그의 행적은 앞으로도 계속해서 회자되고, 우리의 관심을 끄는 주제가 될 것입니다. 그의 예언은 다양한 해석을 낳으며, 앞으로도 많은 이들에게 생각할 거리를 제공하겠죠.

📖 자신의 죽음을 예언한 노스트라다무스

스스로 예언가라 주장하는 사람들에게 빠지지 않는 질문이 있습니다.

" 그럼 넌 어떻게 죽는데? 한번 예언해 봐! "

바로 자신의 죽음에 관한 예언입니다. 노스트라다무스의 마지막은 어땠을까요?

노스트라다무스는 1566년 7월 2일 63세의 나이로 세상을 떠났습니다. 죽기 하루 전, 그는 갑작스럽게 "다시는 살아있는 내 모습을 볼 수 없을 것이다"라는 섬뜩한 이야기를 했다고 합니다. 그리고 그의 말대로 그는 다음 날 아침 침대 옆 소파에서 숨진 채 발견됐죠.

처음에 노스트라다무스는 프랑스 살롱 드 프로방스의 성 프란시스 수도원에 묻혔습니다. 그의 묘비에는 '후세들이여, 안식을 방해하지 말라'는 문구가 새겨져 있었죠. 그러나 프랑스 혁명의 혼란 속에서 그의 무덤은 훼손됐고, 그의 유해는 이후 생 로랑 성당으로 옮겨졌습니다. 그 후 그의 수수께끼 같은

노스트라다무스가 안장된
생 로랑 성당 내부

존재는 오늘날까지 방문객들의 흥미를 일으키고 있습니다.

그의 죽음과 관련해서 《백시선》 속에 담긴 이야기를 하나 살펴보겠습니다.

> "De cinq cens ans plus compte l'on tiendra,
> 500년 이상 사람들은 그를 주목하리라
>
> Celuy qu'estoit l'ornement de son temps :
> 시대의 장식처럼 빛났던 그 사람
>
> Puis á vn coup grande clarté donrra,
> 그때 갑자기 거대한 계시가 나타나
>
> Que par ce siecle les rendra trescontens.
> 그 세기의 사람들을 크게 만족시킬 것이다." _III-94

많은 해석자는 '시대의 장식'을 노스트라다무스 자신이라고 해석합니다. 이 책이 1555년에 집필됐으니, 노스트라다무스는 자신이 500년 후에도 기억될지 알았던 걸까요? 그의 예언이 오늘날까지도 관심을 끌고 있고, 종종 현대 사건에 맞게 재해석되는 것을 보면 그의 예언이 성취되었다고 할 수 있을 것 같습니다.

다시 보는 노스트라다무스, 예언이 지니는 의미

아주 오래전부터 수많은 예언가가 활동했을 텐데, 약 500년이 지난 지금 왜 노스트라다무스만 회자되고 있을까요? 앞에서 봤듯이, 4행시로 된 《백시선》의 의미는 오늘까지도 의견이 분분합니다. 의미가 애매모호한 시를 남김으로써 해석의 여지를 주었으니까, 오늘날까지도 끼워 맞출 수 있는 부분이 많아서 그렇지 않을까 싶습니다. 하지만 더 근본적인 이유는 예언을 믿는 사람들에 있습니다. 새로운 세기를 앞두고 많은 사람이 종말론을 믿었듯, 우리가 불안한 마음이 들 때면 무언가에 의지하고 싶어 하잖아요. 그런 불안한 마음들이 노스트라다무스를 오늘날까지 기억하게 만든 것이 아닐까요?

사주, 예언, 운세의 역사는 정말 오래되었지만, 여전히 우리는 중요한 일을 앞두거나 어떤 사람과의 궁합이 궁금할 때, 또는 앞으로의 미래를 알고 싶을 때 운세를 들추곤 합니다.

노스트라다무스는 미래에 대한 인간의 불안이 가득한 시대에 운명과 미지에 대한 보편적인 관심을 반영하여 예언서를 썼습니다. 르네상스 시대에 살았던 노스트라다무스의 시는 당시 신비주의에 대한 탐구가 활발했던 시대적 불안을 반영했고, 많은 사람이 불확실한 시기에 안정감을 얻기 위해 그의 모호하면서도 해석 가능한 예언을 찾았던 게 아니었을까요?

노스트라다무스의 예언을 현명하게 받아들이려면, 그의 예언이 미래 사건에 대한 결정적인 예측이 아니라 주로 인간의 보편적인 관심사를 반영한 것으로 인식하는 것이 중요합니다. 그가 시대의 요구와 신념에 따라 자신의 역할을 완수한 것처럼, 우리도 미래 문제에 대해 신중하게 생각하며 현재를 잘 살아가는 데 집중해야겠죠. 미래에 대한 걱정보다는 이 순간에 최선을 다하는 것이 우리의 삶에서 가장 중요한 일일 것입니다.

인물사담회
다시 보기

4

고통 속에서 희망을 그리다,
프리다 칼로

#자화상 #고통 #개성 #교통사고 #불멸의_사랑 #디에고 #유산 #그럼에도_불구하고
#Viva_La_Vida

Frida Kahlo de Rivera

(1907.7.6.~1954.7.13.)

유명 밴드 '콜드플레이'의 '비바 라 비다 (Viva La Vida)'라는 노래를 들어본 적 있을 겁니다. 오래된 곡이지만 지금까지 많은 사람에게 사랑받는 명곡입니다. 웅장한 전주만 들어도 가슴이 떨리죠. 그런데 이 곡이 한 인물에게서 영감을 받아 만들어졌다는 건 알고 계셨나요? 곡의 모티프가 된 인물은 멕시코의 국민 화가, '프리다 칼로'입니다.

프리다 칼로는 복잡하고도 강렬한 삶을 그림에 담아낸 화가로, 많은 이들에게 영감을 주었습니다. 그러나 그 유명한 작품들 이면에는 우리가 잘 알지 못하는 이야기가 존재합니다. 아는 사람 프리다의 모르는 이야기. 이제 시작해 보겠습니다.

'아는 사람'
프리다

자화상 속에 담긴 삶과 예술

화가 프리다 칼로는 독특한 그림체와 강렬한 색채, 인상적인 갈매기 눈썹, 그리고 자신의 모습을 담은 수많은 자화상으로 유명합니다. 그리고 멕시코의 여성 화가로서, 개성이 뚜렷한 작품들로 전 세계에서 사랑받았죠. 그의 생애와 작품 사이에는 서로 떼려야 뗄 수 없는 깊은 연결고리가 있습니다. 내면세

<부상당한 사슴>
1946

계를 탐구한 자화상은 그의 작품 세계에서 큰 비중을 차지하며, 자신을 향한 그의 깊은 성찰을 보여줍니다.

1946년에 그려진 <부상당한 사슴>은 프리다 칼로의 대표작 중 하나입니다. 프리다의 얼굴을 한 사슴이 바다가 내려다보이는 숲속에서 화살에 맞아 피를 흘리는 장면. 이것은 삶과 고통, 그리고 예술 세계의 깊이를 상징적으로 보여주며 감상자에게 다양한 해석을 할 수 있도록 유도합니다.

프리다는 <부상당한 사슴>과 같은 자화상을 50여 점이나 그렸습니다. 그가 그린 전체 그림의 3분의 1에 해당하는 수였죠. 그는 왜 자기 모습을 이토록 많이 그렸을까요?

그 배경에는 홀로 이겨내야 했던 신체적, 정신적 고통이 있었습니다. 오랜 시간 병상에서 자신을 관찰하고, 이를 통해 내면을 탐구하는 방법으로 그림을 그렸죠. 그의 작품 속에는 육체적, 정신적 시련을 감내하며 삶에 내한 열정을 꺼뜨리지 않았던 그의 모습이 담겨 있습니다.

프리다 칼로의 작품은 그 자신의 이야기입니다. 자화상을 넘어 삶과 사랑, 아픔, 정체성과 문화에 대한 깊은 이해가 작품에 녹아있죠. 프리다의 다양한 작품을 살펴보는 것은 그의 이야기를 더 깊이 이해하는 데 도움이 될 것입니다.

프리다의
'모르는 이야기'

🔖 프리다의 아픔

1907년에 태어난 프리다는 밝고 웃음이 많은 아이였습니다. 여느 아이들처럼 행복하게 자라던 프리다는 6세 때 심한 고열에 시달린 이후 소아마비 진단을 받았습니다. 이 병으로 오른쪽 다리가 짧아지는 후유증을 겪었고, 이를 숨기기 위해 오른쪽 발에 여러 겹의 양말을 신고 다녔죠.

외출이 두려웠던 프리다는 외로움을 극복하기 위해 상상 속에서 또 다른 자신을 만들어 외로움을 달래곤 했습니다. 이때의 경험이 나중에 프리다의 작품에서 두 명의 프리다가 함께 등장하는 걸로 표현되곤 하죠.

자신의 아이가 아프면 대부분 더 조심스럽게 대하지만, 프리다의 아버지는 오히려 축구, 레슬링, 수영, 스케이트 등 다양한 운동을 배우도록 했습니다. 프리다는 성인이 되어 이러한 경험이 자신의 강인한 정신력 형성에 크게 기여했다고 회상합니다. 아버지의 도움으로 프리다는 여학생의 입학이 드물던 1922년, 멕시코 최고의 교육 기관인 '국립예비학교'에 입학할 수 있었습니다. 그는 의사를 목표로 자연과학을 전공했으며, 이때까지만 해도 자신이 화가가 되리라곤 생각지도 못했습니다.

📖 카추차스와 젊은 사상가들

　　당시 멕시코 국립예비학교는 여성의 입학을 막 허용하기 시작해 전체 2,000명의 학생 중 단 35명만이 여성이었습니다. 프리다는 이곳에서 멕시코 최고의 수재들과 어울리면서 그만의 개성과 지성을 발휘합니다. 특히 '카추차스 클럽(Cachuchas club)'이라는 비공식 그룹에 깊은 인상을 받아 가입했는데 카추차스 클럽은 보수적 질서에 반대하고 사회개혁과 자유주의적 사상을 추구했던 그룹으로 학교 내 권위에 도전하는 다양한 활동을 펼쳤습니다. 당나귀를 타고 복도를 질주하거나, 교수를 놀라게 하려고 폭죽을 터트리는 등의 말썽으로 학교 안에서 주목을 끌기도 했죠.

<아리아스 안레한드로의 초상> 1928

　　프리다는 카추차스 클럽의 리더인 '아리아스 안레한드로'와 연애하며, 지식과 사회의식을 함께 키워나갔습니다. 카추차스 클럽 일원들은 학교 근처 도서관을 모임 장소로 삼아 정치, 문학, 철학에 대해 활발하게 논의했습니다. 이들의 자유로운 성향, 냉소적인 태도는 이후 프리다의 예술과 정체성 형성에 영향을 주었고, 멕시코 문화에 대한 애정을 깊게 해주었습니다.

프리다의 첫 번째 사고

1925년 9월 17일, 프리다가 18세였을 때 본가인 코요아칸으로 버스를 타고 가던 중 전차와 충돌하는 큰 사고가 발생했습니다. 이 사고로 쇠창살이 프리다의 몸을 관통하면서 다리뼈가 조각났고, 왼쪽 어깨와 오른쪽 발은 으깨져 탈골되었으며, 쇄골, 갈비뼈, 골반, 척추도 부러졌습니다. 생존한 것이 기적일 정도로 심각한 사고였고, 이 사고 때문에 그는 평생 수술을 35번이나 받아야 했죠. 당시 카추자스 클럽의 리더이자 프리다의 연인이었던 안레한드로도 그 버스에 타고 있었지만 크게 다치지는 않았습니다.

프리다는 교통사고로 의사가 되려던 꿈을 포기해야만 했습니다. 사고 후약 1년간 병원에 머물며 척추 교정용 코르셋을 착용하고 하루 종일 침대에 누워 지내야 했죠. 프리다의 부모님은 그가 침대에 누워서도 그림을 그릴 수있도록 특수 이젤을 제작했고, 자기 모습을 볼 수 있도록 침대 위에 거울을설치해 주었습니다. 이렇게 거울을 보며 자신의 모습을 그린 것이 고통을 이겨내고 작품 세계의 길을 여는 특별한 전환점이 된 것이죠.

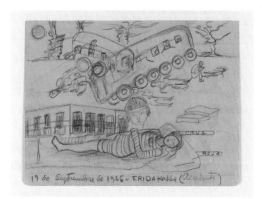

<사고>
제작 연도 미상

<사고>라는 작품에서 프리다는 사고 당시의 기억을 되살려 붕대를 감은 자신의 모습과 사고 장면을 그렸습니다. 이 작품을 제외하면, 평생 그 끔찍한 사건을 다시 그림에 묘사한 적은 없었습니다. 그만큼 끔찍한 사고였지만 그는 절망적인 상황 속에서도 살겠다는 의지를 굳히고 놀라운 생명력으로 조금씩 회복해 나갔습니다.

🗋 되돌아온 자화상

프리다가 병상에 있을 때 가장 많이 떠올린 사람은 남자친구 안레한드로였습니다. 그는 병상에서 안레한드로에게 여러 통의 편지를 썼습니다.

> "나의 알렉스,
> 내가 당신을 위해 얼마나 울었는지 당신은 모를 거예요.
> 아파서 울기도 했어요.
> 첫 번째 치료를 받을 때 내 손은 백지장 같았고
> 통증 때문에 땀이 났거든요.
> 당신을 손꼽아 기다릴 거예요.
> 아직 올 수 없다면 편지라도 써 주세요."

프리다가 간절한 마음을 담아 보낸 편지에도 불구하고 둘 사이는 점점 멀어졌고, 프리다는 안레한드로의 애정을 되찾기를 바라는 마음에서 그림을 선물하기로 했습니다. 그때 그린 작품이 프리다의 첫 자화상인 <벨벳 드레스를 입은 자화상>입니다. 자기 모습을 기억해 주기를 바라는 마음이 담긴 그림이

<벨벳 드레스를 입은 자화상>
1926

었지만, 그 그림은 프리다에게 되돌아오고 말았습니다. 안레한드로의 학업을 명목으로, 그의 가족이 그를 프리다로부터 떼어놓기 위해 독일로 유학을 보냈기 때문이죠.

주인을 잃고 되돌아온 자화상. 그런데 안레한드로의 마음을 사로잡기 위해 그린 <벨벳 드레스를 입은 자화상>은 이후 다른 남자의 관심을 끌게 됩니다.

📖 비둘기와 코끼리

프리다는 교통사고 이후 그림을 자신의 운명으로 생각했습니다. 그러나 정식 미술교육을 받지 않았기 때문에 미술 전문가의 객관적인 평가가 필요하다고 생각했고, 당돌한 프리다는 당시 멕시코에서 독보적인 화가였던 '디에고 리베라'를 찾아갑니다.

프리다가 사랑한 화가
디에고

벽화를 그리는 데 집중하고 있던 디에고는 사다리 아래에서 한 소녀가 자신의 이름을 부르는 것을 듣고 내려가 영문을 묻습니다. 그러자 소녀는 디에고에게 대뜸 그림을 보여주며 자기 그림을 냉정하게 평가해 달라고 말했죠. 디에고는 프리다와의 첫 만남을 회고록에 다음과 같이 기록했습니다.

> "아래에 열여덟 살쯤 되어 보이는 소녀가 서 있었다.
> …소녀가 보여준 것은 모두 세 명의 여성 초상화였다.
> 나는 하나씩 보면서 곧바로 감명받았다.
> …이 소녀는 진정한 예술가가 분명했다."
>
> _디에고 리베라 저서 《나의 예술, 나의 인생》 중

이때 디에고에게 평가를 부탁했던 프리다의 그림 중 하나가 바로 <벨벳 드레스를 입은 자화상>이었습니다. 안레한드로에게 갔다가 되돌아온 그림이었죠.

사실 프리다가 디에고를 처음 본 건 1922년, 프리다의 학교에서 디에고가 벽화를 그리고 있을 때였습니다. 프리다는 디에고가 벽화를 그리는 모습을 한참 지켜보았고, 그의 그림에서 느껴지는 예술성과 정치적 신념에 공감하게 되었다고 합니다.

프리다와 디에고의 관계는 그들의 첫 만남 이후 급속도로 발전했습니다. 프리다는 디에고에게 자신의 작품을 평가받고 싶어 했고, 디에고는 프리다의 작품에 깊은 인상을 받았습니다. 그의 독창적인 스타일과 강렬한 자기표현에 매료된 디에고는 프리다에게 강한 유대감을 느끼며 마침내 1929년, 부부가 되기로 약속합니다. 물론 결혼에 이르기까지 반대가 심했죠. 프리다는 21살, 디에고는 43살. 무려 22살 차이가 나는 데다가 프리다는 키 160cm에 몸무게 45kg, 디에고는 키 182cm에 몸무게 136kg에 달할 정도로 외모도 크게 달랐죠. 주변 사람들이 '비둘기와 코끼리' 같다고 이야기했을 정도였으니 둘의 모습이 어땠을지 안 봐도 짐작이 가죠.

<프리다와 디에고 리베라>
1931

    <프리다와 디에고 리베라> 그림을 보면 디에고만 붓과 팔레트를 들고 있고, 프리다는 아무것도 들고 있지 않습니다. 프리다도 분명 화가인데 말입니다. 그는 디에고와 결혼할 때만 하더라도 자신의 성공이나 활약보다는 아내로서의 역할을 할 생각이었다고 합니다. 그리고 그의 에세이에서 디에고를 이렇게 회상했습니다.

> **"**다정한 얼굴과 슬픈 시선을 가진 거대하고 거대한 아이…. 그의 높고 어둡고 매우 지능적인 큰 눈은 좀처럼 가만히 있지 않습니다. 두꺼비처럼 부풀어 오르고 튀어나온 눈꺼풀 때문에 눈꺼풀이 거의 빠져나와 있는 것 같습니다. 마치 넓은 공간과 군중의 화가를 위해 특별히 제작된 것처럼 그의 시선은 훨씬 더 넓은 시야를 받아들일 수 있도록 합니다.**"**

프리다와
디에고의 사진

프리다에겐 디에고와 결혼한 순간이 인생에서 가장 행복했던 순간이었습니다. 그러나… 이 행복은 오래가지 못했습니다.

프리다의 모든 기쁨과 슬픔, 디에고

이 지점에서 궁금한 점이 생깁니다. 프리다 인생에 가장 많은 영향을 준 디에고 리베라. 그는 누구일까요? 디에고는 멕시코벽화운동의 중심에 있었고 작품을 통해 새로운 멕시코의 정체성을 확립하고자 했기에 '멕시코의 영웅'으로 추앙받는 인물이었습니다.

22세에 디에고는 유럽으로 떠나 스페인, 프랑스, 벨기에, 네덜란드, 영국을 돌아다니며 활동하다가, 멕시코혁명의 종식과 함께 1921년 다시 멕시코로 돌아와 공공미술로서의 벽화 제작 운동에 나서게 됐습니다. 때마침 혁명정부

<알라메다 공원의 일요일의 꿈> 1948, 디에고 리베라 벽화 미술관 소장

는 미술의 공공성을 높이기 위해 벽화 제작을 추진하였고, 그러던 중 1924년 멕시코 공산당을 지지했던 디에고는 소련의 초청으로 모스크바로 가서 스탈린을 만나 그의 초상화도 그렸습니다. 그러나 4개월 동안의 모스크바 여행으로 자신의 기대와 달랐던 혁명과 정치에 대한 환멸을 느끼게 되었고, 이를 계기로 자신의 작품 세계에 더욱 빠져들게 되었습니다. 1929년에는 프리다와 결혼하면서 공산당과는 결별을 선언하고, 현실적인 문제들을 표현하는 데 몰두하였습니다.

여성 편력으로도 유명했던 디에고는 1939년 프리다와 이혼 후 1940년 재결합했는데, 프리다의 영향으로 멕시코의 역사와 민중의식이 진지해졌고, 멕시코 원주민의 토속적인 조형과 색채에 매료됐습니다. 그는 멕시코 민중을 주제로 한 작품을 제작하다가 1954년 다시 멕시코 공산당 당원이 되었습니다.

대표작으로는 프라드호텔의 대벽화 <알라메다 공원의 일요일의 꿈> (1948), <헬렌 윌스 무디의 초상>(1930), <농민지도자 사파타>(1931) 등과 중앙정청, 교육부, 차핑고 농업학교 등의 벽화 및 미국 샌프란시스코 주식거래소의 장식화 등이 있습니다.

그의 작품은 멕시코 민중에 대한 깊은 애정을 담고 있으며, 유럽 회화의 전통을 멕시코의 전통과 결합하려는 시도가 돋보였습니다. 그는 멕시코 근대 회화의 4대 거장 중에서도 가장 멕시코적인 화가로 평가받고 있습니다.

📖 세 아이를 잃은 프리다

프리다는 사랑하는 사람, 디에고와 닮은 아이를 갖는 것을 꿈꿨습니다. 하지만 출산 시도는 번번이 실패로 돌아갔죠. 첫 번째 유산도 그녀에게 큰 충격이었으나, 1932년 미국 디트로이트에서 겪은 두 번째 유산은 더 가혹했습니다. 몸도 마음도 지칠 대로 지쳐버렸죠.

<헨리 포드 병원>
1932

하지만 디에고는 프리다가 다시 일어서길 원했고, 그가 다시 그림을 그릴 수 있도록 독려했습니다. 힘든 마음을 그림으로 승화하라는 의미였을 테죠. 그렇게 해서 탄생한 그림이 <헨리 포드 병원>입니다. 프리다는 이 그림에 자신의 고통과 절망을 담았습니다.

<헨리 포드 병원>을 보면, 황량한 공장 지대의 사막을 배경으로 프리다가 침대에 누워있고, 몸에는 마치 탯줄처럼 보이는 붉은 줄이 여러 상징물과 연결된 것을 볼 수 있습니다. 각 상징물은 프리다의 고통을 나타내는데, 토르소는 부러진 척추와 그의 신체적 약점을 나타내고, 달팽이는 2~3주에 걸쳐 괴로울 정도로 느리게 진행된 유산을 의미합니다. 그리고 그림 속 태아는 잃어버린 아이를, 골반은 손상된 자신의 골반을 상징하죠. 골반을 보면 뼈가 아주 정교하게 그려져 있는데, 뼈를 정확하게 그리기 위해 의학 서적을 탐독했다고 합니다. 이 밖에도 대상물을 고정하는 공구인 바이스는 유산 과정에서 사용된 기계였으며 보라색 꽃은 프리다가 병원에 있을 때 디에고가 선물한 꽃이었다고 하죠.

절망의 순간마다 그림을 통해 극복한 프리다에게 그림은 단순한 예술 활동이 아닌 생존을 위한 수단이었습니다. 그리고 소아마비로 고생하던 어린 시절 아버지에게 의지했던 것처럼, 프리다는 디에고에게 의지하고 있었습니다.

1934년, 프리다는 다시 한번 출산을 시도합니다. 그러나 과거의 사고와 두 번에 걸친 유산으로 그의 몸은 엉망이 돼있었고, 결국 출산을 포기했습니다. 마지막 유산은 의학적 조치로 인한 것이었고, 더는 임신을 할 수 없다는 것을 의미했죠.

자신이 사랑하는 디에고를 닮은 아이를 가지고 싶었던 프리다. 그러나 이제 더는 이룰 수 없는 꿈이 되었기에 더욱 디에고에게 위로를 받고 싶어했을 겁니다. 하지만 디에고는 프리다에게 위로가 아닌 씻을 수 없는 상처를 입힙니다.

프리다의 두 번째 사고

프리다 칼로가 1935년에 그린 <단지 몇 번 찔렀을 뿐>은 그림뿐만 아니라 액자에도 핏자국이 묻은 것처럼 연출되어 있습니다. 그림 속 누워있는 여자는 한쪽 발에 양말을 겹겹이 신고 신발을 신었습니다. 어릴 때 소아마비로 발 길이가 달랐던 자신을 표현한 것은 아닐까요? 그리고 그 옆에 칼을 든 남자는 어쩐지 디에고를 닮았습니다.

<단지 몇 번 찔렀을 뿐>
1935

이 작품은 당시 멕시코에 큰 충격을 준 실제 살인 사건을 소재로 했습니다. 판사가 살인자에게 "왜 그랬어요?"라고 묻자, 그 남성은 "단지 몇 번 찔렀을 뿐인데요. 스무 번도 안 되게…"라고 답했습니다. 이 말 때문에 멕시코 전역에 공분이 일었죠.

프리다는 이 살인사건을 자신에게 투영했던 것 같습니다. 디에고는 결혼 후에도 외도가 잦았는데, 프리다가 아이를 원했던 이유 중 하나는 디에고와의 사이에 아이가 있으면 그가 외도를 그만두고 프리다에 정착할 것이라고 믿었기 때문이었습니다. 그러나 세 번째 아이마저 유산됐고, 프리다의 몸 상태가 좋지 않을 때 디에고의 외도를 직접 목격합니다. 상대는 프리다의 친여동생 '크리스티나 칼로'. 유산 후 힘들어하는 프리다를 돌보고 있던 시기였죠. 가장 아끼는 동생이었기에 프리다는 디에고와 크리스티나에게 엄청난 배신감을 느꼈습니다. <단지 몇 번 찔렀을 뿐>이란 제목만 봐도, 그녀가 느꼈을 정신적 충격과 고통을 어느 정도 짐작해 볼 수 있습니다. 프리다는 이때의 심정을 일기에 이렇게 적었습니다.

> "나는 평생 크고 심각한 사고를 두 번 당했다.
> 하나는 18살 때 나를 부스러뜨린 전차이다.
>
> 두 번째는 바로 디에고다.
> 두 사고를 비교하면 디에고가 더 끔찍했다."

이후 프리다는 디에고와 별거에 들어갔고 1935년에 홀로 뉴욕으로 떠나 국민 화가의 아내가 아닌 화가 프리다로서의 새 인생에 첫발을 내딛기 시작합니다.

프리다, 세계를 매혹하다

프리다 칼로는 1938년 예술계에서 눈부신 성취를 이루었습니다. 미술상 줄리앙 레비의 초대로 뉴욕의 전시회에 참여해 프랑스 초현실주의 거장 앙드레 브르통의 찬사를 받았고 파리에서 열린 '멕시코전'에 참여하면서 디에고 없이도 성공할 수 있음을 증명했죠. 그중 <액자>라는 작품은 남미 예술가의 작품 중 루브르박물관이 최초로 구입한 작품이었습니다. 이렇게 프리다는 세계 주요 박물관에 진출한 첫 중남미 출신 여성 예술가로 기록됐습니다. 제3세계 출신, 혼혈, 여성, 독학한 화가임에도 당시 세계 최고의 미술관이 그의 그림을 구입했다는 것은 그의 작품이 세계적으로 인정을 받았다는 것을 입증한 것이겠죠.

프리다의 작품은 당대의 거장들에게도 깊은 인상을 남겼습니다. 파블로 피카소는 그에게 감동하여 손 모양의 귀걸이를 선물했고, 러시아 화가 바실리

<액자>
1938

칸딘스키는 프리다의 뺨과 이마에 키스하며 찬사를 보냈습니다.

당시 프리다는 개인 생활도 화려했습니다. 허무함을 잊기 위해서 또는 복수심에 의해 새로운 사랑을 경험했다는 이야기도 있습니다. 그는 여러 사람을 만났고, 그중에는 소련의 볼셰비키 혁명가 레온 트로츠키, 일본계 미국인 조각가 이사무 노구치, 그리고 미국의 사진작가 니콜라스 머레이와 같은 주

머레이가 촬영한
프리다

목할 만한 인물들이 포함되었습니다. 특히 니콜라스 머레이가 찍은 그녀의 사진들이 많이 남아있어서 오늘날에도 프리다의 예술적이고 독특한 면모를 생생하게 느낄 수 있습니다.

🔖 끊어내지 못한 지독한 사랑

디에고를 떠나 독립적으로 살아가는 듯했지만, 사실 프리다에게 디에고 는 '사랑' 그 이상이었습니다. 결국 그를 끊어내지 못하고, 재결합하죠.

<두 명의 프리다>. 이 작품은 디에고와 이별한 후 절망과 외로움이 극에 달했을 때 프리다의 솔직한 내면을 드러냅니다. 작품 속에는 두 명의 프리다 가 등장합니다. 오른쪽 프리다는 멕시코 전통의상을 입은 현실의 모습을, 왼 쪽 프리다는 유럽풍 드레스를 입은 상상 속 또는 내면의 모습을 나타냅니다. 두 프리다의 심장은 하나의 혈관으로 연결돼 있고, 내면의 프리다는 수술용 지혈 도구로 피가 흐르는 혈관을 잡고 있습니다. 전통의상을 입은 프리다의 손에는 디에고의 작은 초상화가 들려있습니다. 이는 프리다만이 디에고와의 갈등과 깊은 육체적 고통의 슬픔을 진정으로 이해할 수 있음을, 그리고 그에 대한 마음이 여전히 남아있음을 의미합니다.

<두 명의 프리다>
1939

프리다는 주로 침대에 누워 작업했기 때문에 그의 작품 대부분은 크기가 작습니다. 하지만 <두 명의 프리다> 작품은 170cm를 넘어 거의 그의 실제 키보다 큽니다. 불편한 몸으로 큰 그림을 그리는 것은 고행이었을 것입니다. 그렇게 정성을 다한 이 작품은 1940년 멕시코에서 열린 국제 초현실주의 그룹전에서도 소개되었습니다.

초현실주의는 꿈과 무의식의 세계를 표현하려는 20세기 문학 및 예술 사조를 뜻하며, 당시 평론가들은 프리다의 작품을 '초현실주의'로 평가했습니다. 그러나 프리다는 자신의 작품에 대해 다음과 같이 말했죠.

"내 그림은 내가 직접 겪은 현실이었다.
 이건 내 아픔이었고 내가 직접 겪은 일이다."

<테우아나를 입은 자화상>에서 프리다는 멕시코 전통 의상인 테우아나를 입고 있습니다. 작품 속 그녀의 이마에는 디에고가 그려져 있는데, 이는 디

<테우아나를 입은 자화상>
1943

<디에고와 나>
1949

에고가 그녀의 마음 속에 가득 차 있음을 나타냅니다. 프리다에게 디에고는 단순한 연인이나 남편을 넘어 예술적 동반자이자 이념적 동지였습니다.

프리다의 이마에 디에고가 그려진 또 다른 자화상으로 <디에고와 나>가 있습니다. 이 작품에서 디에고가 그려진 위치는 사람의 '송과선'이라는 기관이 있는 부위인데, 이곳은 '제3의 눈'이나 '드러나지 않은 마음의 창'을 상징하기도 합니다. 이렇게 프리다는 디에고를 자신의 송과선에 그림으로써 디에고를 예술가로서 혜안이 뛰어난 존재로 표현하는 동시에, 디에고를 수없이 사랑하고 놓아준 경험 속에서 삶의 희망과 에너지를 찾으려고 했던 것이 아니었을까요.

📖 부서짐과 상처, 그럼에도 불구하고

1940년, 프리다와 디에고가 재결합한 후 프리다의 건강은 계속 나빠졌습니다. 그는 척추와 오른발의 통증이 점점 더 심해져 서지도, 앉지도 못할 지경에 이르렀습니다. 의료용 코르셋을 입고 누워 지내야 했는데, 척추에 착용한 코르셋만 28개였다고 합니다.

> "나는 무척 피곤하다. 그리고 자주 절망감을 맛본다.
> 그 절망감은 이루 표현할 수 없다. 하지만 나는 살고 싶다."

<부서진 기둥>에서 프리다는 자신의 다친 척추를 고대 그리스의 이오니아식 기둥으로 묘사합니다. 이 기둥은 부서져 있고, 정형외과용 코르셋의 내부 장치가 겨우 지탱하고 있죠. 온몸에 못이 박힌 프리다는 잿빛 하늘, 갈라진 사막을 배경으로 서있습니다. 프리다의 눈에서는 눈물이 흐르며, 입은 굳게

<부서진 기둥>
1944

<우주, 대지, 디에고, 나, 세뇨르 솔로틀의 사랑의 포옹>
1949

다문 채 정면을 응시하고 있죠.

　프리다는 1946년 5월 뉴욕에서 척추 수술을 받았지만 실패했고, 두 달간 입원 후 멕시코로 돌아와 강철 코르셋을 착용한 채 8개월간 누워 지냈습니다. 건강은 나아지지 않았고, 디에고와의 관계도 좋지 않아 그의 작품에는 지속해서 망가지는 자신을 반영한 요소가 나타납니다.

　1949년, 프리다 칼로가 그린 <우주, 대지, 디에고, 나, 세뇨르 솔로틀의 사랑의 포옹>은 프리다의 복잡한 감정과 세계관을 상징적으로 표현합니다. 그림 속에서 디에고는 프리다에게 안겨있으며, 프리다는 대지의 여신에게, 대지의 여신은 우주의 여신에게 안겨있습니다. 이는 모든 생명이 연결되어 있음을 보여줍니다. 나중에는 남편 디에고를 자신의 아이처럼 여기며 '매 순간 그는 나의 아이, 매 순간 태어난 나의 아이'라고 일기에 모성애를 표현하기도 했죠.

　그림의 제목에서 언급된 '세뇨르 솔로틀'은 프리다의 반려견 이름으로, 그

반려 새끼 사슴과
프리다

림의 왼쪽 아래에 그려져 있습니다. 솔로틀에게 스페인 남성 존칭 '세뇨르'를 붙임으로써 동물과 인간을 동등하게 바라보는 자신의 철학을 드러냈죠. 프리다는 다양한 반려동물을 키웠는데, 그중에는 원숭이 두 마리, 앵무새 한 마리, 개 세 마리, 칠면조 두 마리, 독수리 한 마리, 검은 고양이 한 마리, 새끼 사슴까지 있었습니다.

이처럼 프리다의 세계관이 잘 나타나 있는 <우주, 대지, 디에고, 나, 세뇨르 솔로틀의 사랑의 포옹>은 멕시코 사람들에게 많은 사랑을 받아 멕시코 화폐에 프리다와 함께 그려져 있기도 합니다.

프리다 칼로와
그의 작품이 새겨진 화폐

프리다는 예술가로서의 명성이 점점 높아지는 만큼 건강은 점점 악화됐습니다. 오른발에는 피부조직이 죽는 괴저병까지 발생했죠. 그럼에도 그는 작업에 열정을 쏟아 2년간 13점의 정물화를 완성했습니다.

1953년에는 멕시코에서 최초로 개인전을 열었습니다. 의사는 위험하다며 절대 외출하지 말 것을 당부했지만 프리다는 이 전시회가 자신의 마지막 개인전이 될 것임을 직감하고 구급차를 타고 참석했습니다. 그는 침대에 누운 채로 사람들과 이야기하고 노래하며 전시회를 유쾌하게 즐겼죠.

그러나 이렇게 활동을 계속하는 동안 괴저병이 발생한 오른쪽 다리의 상태는 점점 더 심각해졌습니다. 결국 어쩔 수 없이 오른쪽 다리를 무릎까지 절단해야 했죠. 수술을 앞두고 프리다는 자신의 심정을 일기장에 남겼습니다.

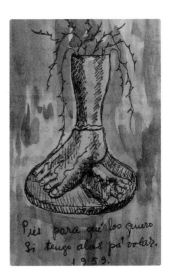

"발이 왜 필요하지?
내게는 날 수 있는 날개가 있는데."

다리 절단 수술을 앞둔
프리다의 일기장

평생토록 프리다를 괴롭혀 온 부서짐과 상처, 그럼에도 불구하고 그는 삶을 희망했습니다.

📖 인생이여 만세!(Viva La Vida!)

프리다는 주로 자화상을 통해 자신과 연결된 현실을 표현했습니다. 그러나 말년에는 정물화를 많이 그렸는데, 이 정물화들로 표현하려 했던 것은 무엇이었을까요?

그의 말년 작품들은 진통제의 부작용으로 완성도가 떨어졌다는 평가를 받지만, <인생 만세>라는 작품은 비교적 완성도가 높다고 평가받습니다. 이 마지막 작품은 프리다의 인생관을 대변하는 것으로, '비바 라 비다(Viva La Vida)', 즉 '인생이여 만세'라는 뜻을 담고 있습니다. 파란 하늘 아래 속살을 드러낸 싱싱한 수박은 겉으로는 견고해 보이지만 내부는 한없이 연약한 과일입니다. 마치 프리다의 삶을 닮은 것처럼 말이죠. 속으로는 한없이 여리면서도 겉으로는 강한 척 살아야 했던 그의 삶을 표현한 것이 아닐까요.

<인생 만세(Viva La Vida)>
1954

다시 보는 프리다 칼로,
'그럼에도 불구하고'

"나는 주로 혼자이며, 나를 가장 잘 아는 사람이기에 자화상을 그린다."

프리다가 남긴 말입니다. 캔버스에 자신의 외적인 모습을 넘어 내적 모습까지 그린 뒤 사랑하는 사람들과 세계적인 미술관에 당당하게 보여주는 모습이 프리다답습니다.

프리다는 어릴 때부터 소아마비와 큰 사고로 신체적인 아픔, 고통과 함께 살았고, 디에고를 사랑한 것 이상의 심리적인 상처까지 끌어 안아야 했습니다. 자신의 결함을 비웃는 자들에 당당하게 맞서며, 자신의 삶을 작품에 녹여낼 줄 알았다는 점에서 강인한 인물이기도 합니다. 아픔을 견디기 위해 운명처럼 시작한 미술이 그를 전 세계에 알리고 소외된 자들의 공감을 불러 일으킨 것이죠. 또한 미술가로 사는 삶을 넘어 생을 마감하기 열흘 전까지도 휠체어를 타고 정치 집회에 참여할 정도로 삶에 대한 열정과 사회에 대한 관심이 강렬했던 행동가였습니다. 그를 통해 우리의 삶을 소중하게, 긍정적으로 바라볼 기회가 생긴 것 같습니다. 프리다가 큰 시련이 닥쳤음에도 불구하고 많은 일들을 해냈듯, 우리 삶도 '그럼에도 불구하고' 행복해지면 좋겠습니다. Viva La Vida!

인물사담회

다시 보기

5

행동하는 일본의 양심, 노벨문학상 수상자
오에 겐자부로

#위안부_사죄_요구 #천황_부정 #연대 #태평양전쟁 #이타미_주조 #안보_투쟁
#히카리 #양심 #노벨문학상

大江健三郎

(1935.1.31.~2023.3.3.)

책 읽기를 좋아하시나요? 서점을 돌아다니다가 책 한 권을 고른다고 상상해 보세요. 어떤 사람은 책의 겉모습을 보고, 어떤 사람은 책의 장르나 줄거리를 보고, 어떤 사람들은 좋아하는 작가나 출판사를 보고 책을 고르겠죠. 또 어떤 사람은 권위 있는 문학상을 받은 작품을 선택할 거고요. 그런데 작가의 역사적 인식이나 진정성이 책 한 권을 고르는 기준이 된다면, 어떤 책을 고르실 건가요?

일본 내 문학상들은 물론이고 노벨문학상까지 받은 일본의 대작가, 오에 겐자부로. 일본 정부와 달리 일본의 역사적 잘못과 그에 대한 반성, 그리고 사회적 부조리를 직시하는 목소리를 내 일본의 양심으로 불리는 작가입니다. 그가 어떻게 일본의 양심으로 불릴 수 있었는지, 지금부터 아는 사람 오에 겐자부로의 모르는 이야기를 같이 살펴보겠습니다.

'아는 사람'
오에

📖 양심 있는 작가, 오에 겐자부로

"일본은 아무리 사죄해도 충분하지 않을 만큼 막대한 범죄를 한국에 저질렀다. 그런데 아직도 한국인들에게 일본은 충분히 사죄하지 않았다."

"아직 일본 정부는 일본군 '위안부' 문제를 충분히 사죄하지 않았고, 재발 방지를 위해 일본은 전쟁 도중 벌어졌던 후진성을 인정해야 한다."

일본인이 한 발언이라고는 믿기지 않죠? 오에 겐자부로는 일본의 문제점, 특히 역사적 진실과 정의에 대한 인식을 강조한 지식인이었습니다. 일본이

강연 중인 오에 겐자부로,
연세대학교 김대중도서관 제공

한국에 저지른 과거의 잘못을 인정하고 사죄하지 않은 점을 비판했으며, 일본군 '위안부' 피해 여성 문제를 포함한 역사적 상처에 대해 일본 정부의 책임 있는 대응을 요구했죠. 그의 발언은 일본 내에서 논란의 대상이었지만, 그는 일관되게 진실과 정의를 위한 목소리를 높인 양심적인 지식인이었습니다.

천황의 훈장을 거부하다

일본엔 노벨문학상을 수상한 사람이 두 명 있습니다.

일본의 첫 번째 노벨문학상 수상자는 《설국(雪国)》을 쓴 '가와바타 야스나리'였습니다. 가와바타는 일본 전통의상을 입고 시상식에 참석한 뒤 '아름다운 일본의 나'라는 주제로 소감을 전했습니다.

그리고 오에는 일본의 두 번째 노벨문학상 수상자입니다. 그는 가와바타와 정반대의 소감을 표현했는데 심지어 가와바타의 소감문을 비판하는 뉘앙

일본의 첫 번째 노벨 문학상
수상자 가와바타 야스나리

스로 말을 했죠. 게다가 전쟁에 대해 책임지지 않는 일본을 비판하며, 일본과 일본인을 '애매모호한 존재'로 표현했습니다. 다음은 그의 소감 내용입니다.

> "가와바타 야스나리는 '아름다운 일본의 나'라는 강연을 했습니다. 그것은 극히 아름답고, 또한 극히 애매모호한 것이었습니다.…
> 과거에 얼룩진 쓰라린 기억을 가진 인간으로서, 저는 가와바타처럼 '아름다운 일본의 나'라고 말할 수는 없습니다.…
> 저는 파괴의 광신이 국내와 주변 여러 나라 인간의 바른 정신을 짓밟았던 역사를 가진 나라의 한 인간으로서, 그 바른 정신을 지켜주는 문학가의 역할을 하고 싶습니다.…
> 현재, 일본이라는 국가가 세계평화의 유지와 회복을 위해 적극적이지 않다는 국제적인 비판이 있습니다.…
> 저는 소설가인 저의 작업이 작가와 독자를, 개인과 시대의 고통으로부터 모두 회복시켜 각각의 영혼의 상처를 치유하게 되길 바라고 있습니다."

당시 오에의 노벨문학상 수상으로 일본이 축제 분위기에 휩싸였지만, 자국을 비판하는 수상 소감은 예상 밖이었죠. 전 세계가 주목하는 자리에서 일본을 대표해 나선 사람이 일본을 비판하는 발언을 하는 게 쉽지 않았을 텐데, 자국 내 비난을 감수하면서도 자신의 뜻을 전달하려는 그의 의지를 보여준 사건이었습니다.

노벨상 수상 이후의 행보에도 그의 일관된 태도가 고스란히 느껴집니다. 수상 직후 일본 천황은 오에에게 문화훈장과 공로상을 수여하려 했는데, 오에는 이를 거절했습니다. 민주주의 위에 군림하는 권위와 가치를 인정할 수 없기 때문에 일본의 상징적이고 역사적인 권위를 나타내는 천황이라는 자리를 부정한 것이지요. 이 또한 일본인으로서 쉽지 않은 선택이었을 겁니다.

그 외에도 그는 일본 천황제와 신사참배, 자위대의 이라크 파병을 비판했고 원전 반대를 위해 거리로 나서기도 했습니다.

🞂 국경을 넘은 문학적 연대

오에는 한국과 깊은 관계를 맺고 있는 인물입니다. 1970년대에 독재 정부에 항거하다 투옥된 김지하 시인의 석방을 위해 적극적으로 나섰는데, 이는 작가에게 표현의 자유가 반드시 지켜져야 한다고 생각했기 때문입니다. 그래서 재일 한국인과 재일본조선인총연합회 인사들과 함께 긴자 거리에서 단식 투쟁을 벌였다고 하죠.

그는 1989년 북한을 방문한 후 1993년부터 옥고를 치렀던 소설가 황석영의 구명을 위해서도 노력했습니다. 오에는 세계 문인들에게 황석영 작가의 석방을 위한 서명운동을 벌였고, 한국까지 와서 김영삼 당시 대통령에게 직접 석방을 요구했습니다. 훌륭한 문인들이 하루속히 풀려나 좋은 작품을 쓸수 있기를 바라는 마음에서였죠. 그는 생전에 "한국 현대소설을 애독하고 높이 평가한다"며 "특히 황석영은 현대의 중요한 문제를 지적하는 큰 소설을 쓴다. 개인의 내면을 그리면서 개인의 감정이 어떻게 사회로 이어지는지를 묘사한다"고 평가했습니다.

그는 일본군 '위안부' 문제에 관해서도 꾸준히 관심을 가졌으며 기회가될 때마다 이 문제를 이야기했습니다. "일본군 '위안부' 문제는 일본 정부가진정으로 사과하고 보상해야만 해결될 수 있다"고 언급하고, "위안부 피해자를 위한 일본 기금을 단호하게 거부하고 진정한 사과를 요구하는 위안부 피해 할머니들을 보고 큰 깨달음을 얻었다"고 말했습니다. 그는 또한 "일본은 아무리 사죄해도 충분치 않을 만큼 큰 범죄를 한국에 저질렀음에도 아직 한국인들에게 충분히 사죄하지 않았다"고 비판했습니다.

일본인이면서도 일본이라는 나라에 국한되지 않고 전 세계에 중요한 가치를 전달하려고 했던 그를 보면, 일본인의 피보다는 세계인의 피를 지닌 인물 같기도 합니다. 무엇이 그를 해야 할 말은 하는 양심적인 작가로 만들었을까요? 오에의 모르는 이야기를 더 자세히 살펴보도록 하겠습니다.

오에의
'모르는 이야기'

▯ 부끄러운 나라에서 태어나다

오에 겐자부로가 '일본의 양심'으로 불릴 수 있었던 첫 번째 이유는 아이러니하게도 그가 일본에서 태어났기 때문입니다.

오에가 어렸을 때, 일본은 아시아 전역을 침략하며 전쟁을 벌이던 국가였습니다. 일본은 만주를 침략하고, 중일전쟁을 벌이고, 한국을 식민 통치했습니다. 메이지유신 이후 아시아 최초로 산업화에 성공하자 그 이상의, 서구 열강과 같은 강대국을 꿈꿨기 때문이죠. 미국과 서구 열강은 일본의 행보를 막으려 했지만, 일본은 막무가내였습니다. 심지어 제2차 세계대전이 벌어지자, 서구 열강의 식민지를 탐내 태평양 점령까지 나섰습니다. 미국은 이를 막기 위해 하와이 진주만에 해군기지를 구축했으나 일본의 진주만 공습으로 유럽 열강까지 참전한 태평양전쟁으로 확전하기에 이릅니다.

이때가 1941년, 오에가 초등학교에 입학한 7세 때였습니다. 이 전쟁 중에 일본은 점령국 주민들을 학살하고 자원을 약탈하는 등 갖은 만행을 저지르고 있었습니다. 일본은 모든 일본 국민을 하늘 같은 일왕의 신하로 취급하며, 일왕에 대한 절대적 충성을 강요하는 엄격한 체제를 유지했습니다.

일본 당국의 강요는 일제강점기 조선에서도 만만치 않았습니다. 일본의 군대식 규율을 적용해 교사들은 교실에서 칼을 차고 수업을 진행했습니다. 지금도 몇몇 학교 운동장에서 볼 수 있는 군대를 연상시키는 단상과 조례를 보면, 그때의 모습이 아직 남아있는 게 아닌가 싶습니다. 당시 일본의 교장 선생님은 군대의 연대장과 같은 사람이었죠.

태평양전쟁이 몇 년간 지속되자 결국, 1945년 미국은 일본의 히로시마와 나가사키에 원자폭탄을 투하했습니다. 이에 일본은 미국에 항복하며 제2차 세계대전의 막이 내립니다. 오에가 초등학교에 입학할 땐 전쟁 중이었고, 11살엔 패전국의 국민이 됐으니, 말 그대로 하루아침에 세상이 변한 것이죠.

급변하는 상황에 오에는 잘 적응했을까요? 태평양전쟁이 한창일 때 초등학생이었던 오에는 날마다 교장의 매질을 견뎌야 했다고 합니다. 학교에서는 매일 조례가 열렸는데, 교장 선생님은 아이들 한 명 한 명에게 물었습니다.

" 천황 폐하께서 죽으라고 명령하시면 어떻게 할 것이냐? "

대답은 하나였습니다.

" 죽겠습니다. 할복해서 죽겠습니다. "

어린아이들에게는 너무 끔찍하고 무서운 질문이었고 오에에게도 굉장히 두려운 경험이었다고 전해집니다. 교사들로부터 천황이 죽으라고 하면 어떻게 할 것이냐는 질문을 받았을 때, 다리가 후들거리는 듯한 강렬한 긴장감에 휩싸였다고 하니 말이죠. 질문에 얼간이 같은 대답을 했다가는 죽게 될 것 같았다고 말했습니다.

오에는 '작은 시골에 사는 자신을 천황이 알고 있을까'라는 의문이 들었다고 합니다. 그가 주저하는 사이 격노한 선생님은 왜 머뭇거리냐며 매를 들었고, 그때 어린 오에는 글을 써야겠다고 결심합니다. 언젠가 무참히 폭력을 당하는 한 아이에 관한 이야기를 써야겠다고 말이죠.

전쟁이 끝난 후 그는 학교로 다시 돌아가지 않기로 결심했습니다. 오에의 어린 시절 이야기를 담은 에세이 《'나의 나무' 아래서(「自分の木」の下で)》를 함께 읽어봅시다.

《'나의 나무' 아래서》,
까치(까치글방), 2001.

나는 전쟁이 끝나고 한 달이 지나자 제대로 학교에 나가지 않게 되었습니다. 그 까닭은 여름 중간까지는 천황이 '신'이라면서 그의 사진에 인사를 하게 하고, 미국인은 인간이 아니라 귀신이나 짐승이라고 말씀했던 선생님들이 전혀 아무렇지도 않게 이제는 완전히 반대로 말씀하기 시작했기 때문이었습니다. 게다가 지금까지의 사고방식과 수업 방식은 잘못된 것이었으니, 그 점에 대해서 반성한다고 우리들한테 제대로 말씀도 하지 않고, 너무나 자연스럽게 천황은 인간이고, 미국인은 친구라고 가르치기 시작했기 때문이었습니다. _《'나의 나무' 아래서》 중 오에는 갑자기 천황과 미국인에 대해 반대로 말하는 선생님을 믿기 어려웠을 것입니다. 어린 나이임에도 불구하고 무언가 잘못되었다고 느꼈고 일본이라는 나라를 신뢰할 수 없게 됐을 테죠.

소설을 쓰고 문학을 한다는 건 이중 국적자로 사는 것과 비슷합니다. 태어나면 얻게 되는 나라도 있지만 문학을 하는 순간 소설가는 문학이라는 나라에서도 살게 되는 것이니까요. 오에는 주어진 국적인 일본보다 본인이 선택한 문학이라는 나라에 더 소속감을 느꼈던 것 같습니다.

🔲 '읽는 인간'이 되다

오에가 작가가 되는 데는 어머니의 영향이 컸다고 합니다. 어머니는 가난한 집안 형편에 자식에게 많은 걸 해줄 수는 없었지만, 최대한 많은 책을 읽히려 애썼다고 전해지죠. 그 덕에 책을 벗 삼으며 유년 시절을 보낼 수 있었죠. 가난한 살림에 많은 책을 살 수는 없어서 수없이 반복해 읽었습니다. 그때의 독서가 그에겐 일종의 문학 수업이었던 것이죠.

어머니와의 이야기는 《'나의 나무' 아래서》에도 나와 있습니다. 학교에 다니지 않기로 결심한 뒤 오에는 날마다 식물도감을 들고 마을 뒷산으로 올라갔습니다. 그런데 비가 억수같이 내리던 날, 오에는 산에서 내려오지 못하고, 이틀 뒤에야 구조되었습니다. 그 후 기력을 되찾은 오에가 어머니와 대화를 나눕니다.

- 엄마, 난 죽는 거야?

- 난, 네가 죽지 않을 거라고 생각해. 죽지 않도록 기도하고 있어.

- 의사 선생님이, '이 아인 죽을 겁니다, 더 이상 어쩔 수도 없어요' 하고 말씀하
  셨는걸. 그렇게 들었어. 난 죽을 건가 봐.

어머니는 잠시 동안 가만히 계셨습니다. 그러고 나서 이렇게 말씀하시는 것이었
습니다.

- 만약 네가 죽더라도 내가 또다시 널 낳아줄 테니까, 걱정하지 마.

- 그치만 그 아이는 지금 죽는 나와는 다른 아이가 아닐까?

- 아니야, 똑같아. 내 몸에서 태어나서 네가 이제껏 보고 들었던 것들과 읽은
  것, 너 자신이 해왔던 일들 모두를 새로운 너한테 이야기해 줄 거야. 그러면
  지금 네가 알고 있는 말을 새로운 너도 사용하게 될 테니까 두 아이는 완전히
  똑같아지는 거야.   _《'나의 나무' 아래서》중

그의 어머니의 말처럼 한 사람이 읽고 경험한 것들은 그 사람이 쓰는 언
어를 만듭니다. 특히 가까운 사람들과의 대화는 창작 과정에서 중요한 영감
의 원천이 되죠. 오에 겐자부로의 글에 나타나는 독특한 감수성은 그가 어린
시절부터 책을 통해 접한 이야기와 생생한 삶의 경험들이 어우러져 만들어진
것입니다. 오에가 어머니와 나눈 대화는 그가 어떻게 위대한 작가가 될 수 있
었는지를 여실히 보여줍니다.

오에에게 큰 영향을 준 또 다른 인물로 오에의 절친이자 유명한 영화감독
인 '이타미 주조'가 있습니다. 두 사람의 인연은 고등학교 시절 오에가 학교
회지에 썼던 글을 이타미가 보고 "글 재밌게 잘 읽었다"며 다가갔을 때부터
시작됐다고 합니다. 오에는 방황하던 이타미를 위로하기 위해 탐정소설을 썼
고, 그 작품이 오에의 첫 소설이 되었죠. 그리고 이타미는 오에에게 랭보의 시

오에의 친구,
이타미 주조

를 프랑스어 번역본이 아닌 원문 그대로 소개해, 원문의 언어가 주는 느낌을 알려줬습니다. 이처럼 그는 오에가 문학과 예술에 눈 뜨고 소설가의 길을 걷게 한 중요한 인물이었죠.

이타미와 오에의 관계는 단순한 친구를 넘어 서로의 예술적 실천과 삶에 깊은 영향을 미쳤습니다. 유럽에서의 경험을 바탕으로 한 이타미의 에세이는 오에의 초기 작품인《일상생활의 모험(日常生活の冒險)》의 소재로 사용되었을 정도였죠. 또한, 이타미는 오에의 노벨문학상 수상 후 그의《조용한 생활(静かな生活)》을 영화화했습니다. 그 후 이타미의 갑작스런 죽음은 오에의 후기 작품《체인지링(取り替え子)》에 중요한 모티프로 사용돼 그의 문학적 표현에도 큰 변화를 가져왔습니다. 두 사람의 교류는 두 예술가의 작품 세계에 서로 영향을 주며 각자의 독특한 문학적 목소리를 발전시키는 데 중요한 역할을 했습니다.

▢ '쓰는 인간'이 되다

오에는 남다른 글솜씨를 지녔지만, 자신은 작가가 되지 못할 것으로 생각했다고 합니다. 열 살 때 학교 선생님에게 낸 작문을 지적받은 뒤 자신이 사물을 세심하게 바라보지 않는 사람이라 생각했던 것이죠.

정작 오에 자신은 자신의 재능을 의심했지만, 1957년 도쿄대 재학 중 <기묘한 일(奇妙な仕事)>이라는 소설을 도쿄대학 신문에 투고해 문학상을 받습니다. <기묘한 일>은 주인공이 개 150마리를 안락사시키는 아르바이트를 하는 내용으로, 그의 나이 23세 때 쓴 소설입니다. 편집자는 <기묘한 일>을 눈여겨보고 그에게 소설을 써볼 것을 권유했습니다. 오에는 소설가로 먹고살기는 쉽지 않을 거라고 생각했지만, 그 권유를 받아들여 '일단 소설을 쓰기 시작했으니 아무도 쓰지 못한 소설을 써보고 싶다'라고 다짐했습니다.

그다음 해인 1958년, 그는 소설 <사육(飼育)>으로 일본 최고의 문학상인 아쿠타가와상을 수상했습니다. 그것도 최연소 수상자로, 문단으로부터 찬사를 받았죠.

<사육>은 태평양전쟁 말기 일본 산골 마을에 불시착한 흑인 병사를 마을 사람들이 사육한다는 이야기입니다. 전쟁과 그로 인해 드러나는 인간의 잔혹함과 인간성에 대한 탐구를 담았죠. 그는 사회의 어두운 면을 드러내는 데 특별한 안목을 가졌습니다. 소설이 잔인해 보일 수는 있지만, 소설 속 장면은 우리 사회에서 일상적으로 발생하는 일들을 반영한 것으로, 현실 속에 숨겨진 잔혹함을 드러내고 있습니다.

<기묘한 일>에도 현실의 잔혹함을 섬뜩하게 표현한 장면이 있습니다. 안락사시켜야 하는 개 150마리가 한 번에 주인공을 돌아보는 장면이 등장하는데, '300개의 눈이 나를 바라본다'라는 대목입니다. 첫 소설부터 현실 속 부조리를 섬뜩하게 그려내어 기묘함 속에서 잔인함이란 무엇인지, 인간성이란 무엇인지에 대한 의문을 묵직하게 던지고 있습니다. 초등학교 시절 자신은 사물을 세심하게 바라보지 못한다고 생각했던 것과는 다르게 소설 속 상황 묘

사가 매우 뛰어났는데, 개 사체를 들고 나가는 장면에서는 실제로 시체 썩는 냄새가 나는 듯하다는 평가를 받기도 합니다.

이후 오에는 일본을 대표하는 작가로 급부상합니다. 마치 송곳이 바지를 뚫고 나오듯 재능을 숨길 수 없었던 거죠. 그리고 그 시기에 또래의 젊은 문화계 종사자들과 모임을 결성하기도 했습니다. '젊은 일본의 모임'인데, 과거에 저지른 잘못을 망각하는 일본 사회를 비판하는 모임이었죠. 이처럼 오에는 사회적인 소설을 쓰고 일본을 변혁하려는 활동에 꾸준히 참여하며, 젊은 시절부터 '실천하는 지식인'이 되고자 했습니다.

이때 참여한 대표적인 활동 중 1960년 '안보 투쟁'이 있습니다. 미국이 안보 조약을 개정해 일본을 군사적으로 적극 활용하려 했을 때, 정부가 개정안을 날치기로 통과시키자 시민들이 거리로 나선 것입니다. 한 달간 약 33만 명이 참여한, 일본 역사상 최대 규모의 집회였죠. 오에는 이런 안보 투쟁에 참여하며 사회 변혁을 꿈꿨습니다.

이렇듯 사회적 활동을 하고 사회 비판적인 소설을 주로 쓰던 오에 겐자부로였는데, 그의 문학 세계가 확 바뀌는 계기가 생깁니다.

☐ '빛'의 아버지, 오에

1960년, 오에의 절친인 이타미는 그의 처남이 됩니다. 오에가 그의 여동생과 결혼했기 때문이죠. 이타미의 어머니가 《푸우야, 그래도 나는 네가 좋아 (The House at the Pooh Corner)》라는 책을 구하고 있었는데, 전쟁 통에 잃어버렸습니다. 이타미의 부탁을 받은 오에는 헌책방에서 어렵게 그 책을 찾게 되고, 이타미의 집에 책을 보낸 일을 계기로 이타미의 여동생 '유카리'와 편지를 주고받기 시작하면서 인연이 시작되었죠. 이 이야기는 2005년 한국을 방문했던 그가 대학교 초청 강연에서 직접 언급하기도 했습니다.

> "어느 날 이타미 주조가 아파서 병석에 누워있으면서 책 좀 빌려달라고 여동생을 우리 집에 심부름을 보냈습니다. 그 여동생을 보는 순간 저는 학자가 되는 건 그만두자고 생각했습니다. '이제부터는 이 사람하고 결혼해서 살아가자.' 그렇게 살기로 결심했습니다. 그래서 소설을 써서 그 소설 원고료를 가지고 생활비를 벌기로 작정하고 곧장 결혼했습니다."

배우자 유카리의 아버지는 초기 일본 영화를 발전시키는 데 주축이 되었던 인물이고, 유카리의 오빠이자 오에의 친구인 이타미는 실력파 영화감독이었죠. 둘의 결혼은 당시 일본 최고 선남선녀의 결합으로 여겨졌습니다.

첫눈에 반해 결혼까지 하고, 행복한 결혼 생활만 꿈꾸던 오에는 결혼으로 그의 작품 세계를 완전히 뒤바꿀 엄청난 일을 마주하게 됩니다.

앞에서 오에가 '일본의 양심'이자 일본을 대표하는 대작가로 불리게 된 첫 번째 이유가 일본에서 태어났기 때문이라고 했죠? 두 번째는 바로 결혼 후 태어난 아들 때문이었습니다. 장남인 히카리는 '뇌 헤르니아'라는 장애가 있는 아이였습니다. 두 개의 뇌를 가지고 태어난 것인데, 하나는 죽은 뇌, 하나는 살아있는 뇌였습니다. 보통은 경질막으로 구분된 칸막이 안에 들어있는 뇌가 종양이나 혈종 등이 그 자리를 차지하는 점거성 병변이나, 부분적인 부종에 의해 본래의 위치에서 밀려 나오는 상태, 즉 '뇌탈출(Brain herniation)'이었습니다. 1960년대에 이런 장애를 가지고 태어난다는 건 곧 죽음을 의미했습니다. 수술을 통해 바랄 수 있는 최선의 결과는 '식물인간'으로 평생을 살아가는 것 정도였지요. 오에는 아들의 출생신고서와 사망신고서를 함께 작성해야 했다고 합니다. 그렇지만 오에 부부는 어떻게든 아들을 살려야겠다는 생각에 어렵사리 수술을 결정했습니다.

다행히 수술 후 생명을 건질 수 있었지만, 여전히 누군가의 도움 없이는 한시도 살아갈 수 없는 장애를 짊어져야 했습니다. 지능지수는 65에 머물렀고 언어장애, 행동장애, 자폐증을 지녔으며 종종 심한 뇌전증 발작도 일으켰습니다. 그러나 장애가 있는 아들에게 붙여준 이름은 '히카리(ひかり, 光)', 일본어로 '빛'이라는 뜻입니다. 오에는 히카리가 자신의 빛이 되어주길 바랐습니다. 아들은 여섯 살 때까지는 식물인간과 비슷하게 사물에 대한 반응이 거

《회복하는 인간》,
고즈윈, 2008.

의 없었는데 어느 날, 새소리에 반응하며 처음으로 말을 시작했습니다. 그 후 두 부부는 아들에게 소리에 관한 특별한 능력이 있다는 걸 알게 되었죠. 당시 상황은 오에의 에세이 《회복하는 인간(「伝える言葉」プラス)》에 잘 나타나 있습니다.

> 그러다가 우연히 히카리가 산새 소리에 흥미를 보인다는 사실을 알았습니다. 우리는, 여자 아나운서가 먼저 새 이름을 말하면 그 새 소리가 이어져 나오는 레코드를 테이프에 옮겨 담아 하루 종일 들으며 지내기로 했습니다.
> 몇 년이 지나, 여름을 보내러 갔던 산장에서 숲을 통해 들려오는 호숫가의 새 울음소리에… 히카리가 "흰눈썹뜸부기입니다."라고 아나운서의 억양으로 말한 것이 히카리가 말한 최초의 인간다운 낱말이었습니다. 우리는 힘을 얻었고, 산새 소리 레코드를 매개 삼아 히카리와의 소통을 적극적으로 시작했습니다. 그것이 클래식 음악을 듣는 것으로 옮겨 갔고, 절대음감을 지닌 히카리가 자신이 듣는 소리, 화음을 모두 친숙하고 깊이 있게 받아들이게 됨으로써 그와 세계 사이에 통로가 열렸습니다. 그것을 뒤따라가듯이 언어가 한마디씩, 히카리와 우리들 사이에서 리얼하게 사용될 수 있게 된 것입니다.
> _《회복하는 인간》 중

빛이 되어준 아들, 히카리

히카리가 소리에 반응하자 오에 부부는 희망을 품었습니다. 어쩌면 음악에 재능이 있을지도 모른다는 기대를 안고 부부는 히카리에게 클래식 음악을 들려주었죠. 그러자 그가 멜로디를 흥얼거렸습니다. 오에 부부는 크게 감격하여 음악 선생님을 초빙해 아들에게 음악을 가르치기 시작했습니다.

하지만 히카리는 쉽게 따라오지 못했습니다. 선생님도 처음에는 수업을 포기하려 했지만, 히카리가 서툴게나마 월광 소나타를 연주하는 모습을 보고 마음을 바꿨습니다. 그리고 히카리가 점점 음악에 반응하기 시작하자, 선생님은 더욱 열성으로 가르쳤고, 히카리도 달라졌습니다. 선생님의 연주를 듣던 히카리가 뭔가를 적었는데, 그건 피아노 연주와 똑같은 악보였습니다. 히카리는 음을 한 번 들으면 곧바로 외울 수 있는 절대음감을 가진 것이었죠.

수많은 곡을 연주하던 히카리는 어느 날 오에 부부에게 그들이 한 번도 들어보지 못한 음악을 들려주었습니다. 부부는 아들이 작곡한 세상에 단 하나뿐인 음악에 더없이 감동했습니다. 말조차 할 수 없을 것 같던 아이가 음악이라는 자신만의 언어로 마음속 풍경을 전할 수 있게 되었으니 부모의 기쁨은 이루 말할 수 없었겠죠. 언어장애가 있는 히카리에게 음악은 그의 이름처럼 '빛'으로서 광대한 세상을 탐험할 수 있는 길잡이가 되어준 것입니다.

13세부터 작곡을 시작한 히카리는 2005년까지 네 개의 앨범을 발표했습니다. 그중 두 번째 앨범은 1994년에 일본에서 골든디스크 대상을 수상할 만큼 클래식 작곡가로 대중에게 이름을 알리는 중요한 계기가 되었습니다. 또한 외삼촌인 영화감독 이타미의 <조용한 생활(静かな生活)>의 영화 음악을 맡아 일본 아카데미 시상식에서 우수 음악상을 수상하기도 했죠.

히카리의 음악이 일본에서 인기를 얻던 당시, 클래식 음악 관계자들이 그의 작품을 분석한 적이 있었습니다. 오에의 노벨문학상 수상이 히카리 음악의 인기에 일정 부분 영향을 미쳤지만, 히카리 음악의 순수성이 클래식 팬들을 매료시킨 것이라고, '히카리 붐'을 분석했죠. 또한 그의 음악은 기괴함이나 거리낌 없이, 동요를 연상시키는 순진함과 점차 고양되는 상쾌함을 준다고 평가받았습니다.

아들 히카리에게 음악이라는 빛을 전달해 준 오에는 절대적인 존재였습니다. 아버지가 며칠만 집을 비워도 몹시 예민해지고 때로 난폭해지기까지 했죠. 그는 아버지가 글을 쓸 때 옆에 앉아 작곡했습니다. 그리고 곡의 제목을 무엇으로 할지, 장조로 만들지 단조로 만들지를 아버지와 이야기했다고 하니 그에게 아버지인 오에가 어떤 존재였는지 짐작해 볼 수 있겠죠.

그렇다면 히카리는 아버지 오에에게 어떤 존재였을까요? 오에는 히카리를 깊은 사랑과 배려로 돌봤습니다. 밤마다 화장실에 가기 위해 일어난 아들을 다시 침대까지 데려다주고 담요를 덮어주는 것이 수십 년 동안 그의 일상이었습니다. 그리고 이런 일상에서 아들과의 짧은 대화가 자신에게 큰 위로와 힘이 된다는 것을 깨달았죠. 히카리는 '빛'이라는 이름처럼 오에의 삶에 빛과 같은 존재로, 오에의 일상과 마음에 큰 기쁨을 주었습니다. 오에에게 진정한 영감을 불러일으켜 준, 아들 그 이상의 의미라 할 수 있겠죠.

🔲 개인적인 체험을 담은 책

앞서 언급했듯이 오에의 초기 문학 작품은 사회 개혁을 추구하며 모순을 지적하는 것이 주를 이루었지만, 히카리의 탄생 이후 그의 문학 세계는 크게 변화했습니다.

처음에는 그도 장애가 있는 아들을 받아들이기 어려워했다고 합니다. 아들을 어떻게 대해야 할지 고민하던 중에 그는 글의 영감을 얻기 위해 원폭이 투하된 히로시마로 여행을 떠났고, 그곳에서 큰 아픔을 경험한 히로시마 사

《개인적인 체험》,
을유문화사, 2009.

람들을 보며 인생과 문학에 대해 다시 생각하게 됐다고 합니다. 그러면서 소설가로서의 길을 확신하게 되었고, '나의 글쓰기 운명은 약자의 편에 서서 주목받지 못한 곳을 봐야 한다'라고 결론 내렸죠. 세상의 편견에 맞서고 소외된 이들을 돕는 동시에 개인과 사회, 그리고 인간 내면의 문제에 대한 깊은 통찰력을 얻었습니다.

히로시마를 다녀온 후 오에는 아들을 정면으로 바라보기로 마음먹습니다. 그리고 아들이 세상과 소통하기를 바라는 마음에서 아들에 관한 글을 쓰기 시작했습니다. 주인공 버드와 희소병을 가지고 태어난 그의 아들의 이야기. 그렇게 탄생한 작품이 바로 1964년에 발표된 장편소설 《개인적인 체험(個人的な体験)》입니다.

27세에 학원 강사로 근근이 살아가는 주인공 버드는 아프리카 여행을 꿈꾸며 살아갑니다. 하루하루 고된 삶의 연속이지만 여행을 꿈꾸며 희망을 품고 살아가던 중 막 태어난 아들이 머리에 기형을 가지고 있다는 사실을 알게 되어 깊은 고민에 빠집니다. 식물인간으로 평생 살 수도 있는 아이를 아프리카 여행을 위해 모아둔 비용으로 수술하느냐 아니면 안락사시키느냐 하는 문제로 말이죠. 현실에서 도피하기 위해 그는 술과 옛 여자친구 '히미코'에게 의존하며 방황하기 시작합니다. 그런 버드를 보며 히미코는 아이를 안락사시키자고 종용하고, 그는 아이를 포기하기로 합니다.

하지만 자신이 도망만 치고 있을 뿐 아무것도 지키려 하지 않았다는 것을 깨닫고, 더 이상 도망치는 것을 멈추겠다고 다짐합니다. 그리고 아이를 살리기로 마음을 바꾸고 다시 아기를 대학 병원으로 데려가 수술을 받게 하기로 결심하죠.

그의 연인 히미코는 수술로 아기의 생명을 구해도 결국 식물인간이 될 뿐이라며 버드의 결정을 이해하지 못합니다. 버드의 행동이 세상에 무의미한 존재를 하나 더 만드는 것뿐이라고 비난하기도 하죠. 그녀는 아기를 억지로 살려놓는 것이 버드가 새로 획득한 휴머니즘이냐고 비웃습니다. 그러나 버드는 도망치며 책임을 회피하는 남자가 되고 싶지 않다며 자신의 결심을 굽히지 않습니다.

그러던 중 뜻밖의 일이 벌어집니다. 수술 결과, 희소병으로 진단된 것이 오진이었고 단순한 혹으로 판명난 것입니다. 다음은 수술 후 교수와 버드가 대화하는 장면입니다.

"자넨 이번 불행과 정면에서 맞서 잘 싸웠군 그래" 하고 교수가 말했다.
"아뇨. 저는 여러 번 도망치려 했었어요. 거의 도망쳐 버릴 뻔했었죠" 하고 버드는 말했다.
그러고는 자기도 모르게 원망스러움을 억누르는 듯한 음성이 되어 말했다.
"하지만 이 현실의 삶을 살아낸다고 하는 것은 결국 정통적으로 살도록 강요당하는 것인 모양이네요. 기만의 올무에 걸려버릴 작정을 하고 있는데도 어느샌가 그것을 거부하지 않을 수 없게 되어버리는 그런 식으로요."

_《개인적인 체험》 중

소설 속 이 대화 장면은 버드의 심리적 변화를 드러내며, 현실의 삶과 도덕적 책임에 대한 성찰을 나타냅니다. 그는 도망치고 싶었지만, 결국 자신의 도덕적 의무와 책임감을 거부할 수 없었습니다. 도망치는 대신 자신의 문제를 직면하고 해결하려는 결심을 하게 된 것이죠.

이후 버드는 아이와 함께 가족의 품으로 돌아가서, 학원강사를 그만두고 외국인 여행 가이드로서 새로운 삶을 시작합니다. 그리고 그들의 이야기는 행복하게 마무리됩니다.

이 소설은 장애가 있는 아들과 그로 인해 갈등하는 아버지의 이야기입니다. 히카리가 태어난 직후에 쓰여진 이 소설은 아버지가 자기 아들을 포기할 수도 있는 다소 충격적인 이야기를 보여줍니다. 소설의 분위기 또한 대체로 우울하며, 독자에게 강한 압박감을 줄 정도로 어둡게 진행되죠. 하지만 소설은 예상치 못한 밝은 결말로 마무리됩니다. 어둠 속에서도 희망을 찾아내는 것이 의외라고 느껴질 정도로 말이죠. 이러한 결말은 당시 일부 평론가들의 비판을 받았고 실제로 한 외국 출판사에서는 결론을 빼자고 제안하기도 했다고 하죠. 그럼에도 불구하고, 오에는 이 작품이 아버지가 아이를 받아들이고 삶을 긍정하는 방식으로 끝나야 한다고 주장했습니다.

소설에서 주인공 버드가 어떤 일화를 기억하며 웃는 장면이 나옵니다. 버드가 이발소에 갔을 때, 이발소에서 얼굴에 뜨거운 수건을 올려줍니다. 이때 어린 시절 기억이 떠오릅니다. 이발소 심부름꾼 아이가 너무 뜨거운 수건을 참지 못하고 손님의 얼굴에 올려버린 일이죠.

버드는 이발소에서 뜨거운 수건이 얼굴에 올라갈 때마다 그 일화를 떠올립니다. 주인공 버드에게 인간의 의무란, 뜨거운 수건을 손에 쥐더라도 손님의 얼굴에 올리지 않고 참으며 쥐고 있는 것입니다. 그리고 이것이 아버지의 의무이자 작가의 의무, 그리고 우리의 운명이라고 말하는 게 아닐까요.

📖 부끄럽지 않은 작가가 되기 위해

> "일본의 문학 시장이 일반적으로 쇠퇴했다는 것과 별개로 나 자신에게 문제가 있었다고 봅니다. 문장 작법을 두고 생산적인 반성을 하지 않았다고 자성하고 있습니다. 지금도 내 문학 생활을 두고 크게 후회하는 바는 바로 이 문제로 집중됩니다."

오에의 글은 쉽게 읽히는 문체는 아닙니다. 1957년 작품인 <기묘한 일>과 같은 초기 작품은 평이한 문장으로 구성되었습니다. 하지만 어느 시점부터 그는 머릿속의 복잡한 생각들을 문장으로 표현하기 시작했죠. 생각이 복잡해지니 문장도 복잡해졌습니다. 오에는 "출판이 거듭될수록 독자가 줄어드는군", "나의 문장은 이제 확실히 낡은 것이 되었다"라고 말했습니다.

1980년대 후반에는 '무라카미 하루키'와 '요시모토 바나나'의 책들이 밀리언셀러가 되었습니다. 오에는 하루키가 구어체를 새로운 문어체로 향상시키고, 이를 확고히 굳혀 그의 소설이 세계 곳곳에서 좋은 작품으로 인정받고 있다고 평가했습니다. 그래서 오에는 자신의 문체를 바꾸려고 새로운 스타일을 시도했지만, 잘 되지는 않았다고 합니다. 그럼에도 불구하고 그는 변화를 시도한 시간이 자신에게 의미 있었다고 평가했죠. 그는 한 문장을 쓸 때도 부끄럽지 않은 작가가 되기 위해 노력한 작가였습니다.

《만엔 원년의 풋볼》, 가장 오에다운 소설

오에 겐자부로의 1967년 작품 《만엔 원년의 풋볼(万延元年のフットボール)》은 '근대 일본의 최고작' 중 하나로 평가받으며 가장 오에다운 소설로도 알려져 있습니다. 이 작품은 그가 노벨문학상을 수상하는 데 결정적인 역할을 한 것으로 여겨지죠.

'만엔'은 에도 막부 말기의 연호로, 만엔 원년은 1860년을 의미합니다. 작품은 크게 시코쿠의 산골에서 농민 봉기가 일어난 1860년, 태평양전쟁의 패배로 막을 내린 1945년, 미일안전보장조약 체결에 반대하는 '안보 투쟁'이 있었던 1960년이라는 세 시대를 교차하며 전개됩니다. 말 그대로 일본 역사를 관통하는 소설이죠. 어떤 이야기를 담고 있는지 간단히 소개하겠습니다.

《만엔 원년의 풋볼》,
웅진지식하우스, 2017.

등장인물은 주인공 미쓰, 그의 아내와 동생 다카시입니다. 미쓰 사부로는 친구의 자살로 충격을 받아 무기력한 나날을 보내고 있습니다. 또한 머리에 혹이 달린 채 태어난 아이 때문에 정신적 공황 상태에 빠져있습니다. 그러다 동생 다카시의 제안으로 아내와 함께 고향에 정착하는데, 그곳이 바로 1860년 만엔 원년에 농민 봉기가 일어났던 곳입니다.

다카시는 100년 전 그때 일어났던 민중 봉기를 재현하고자 합니다. 봉기의 대상은 '슈퍼마켓 천황'으로 불리는 백승기로 조선인이자 마을 경제를 장악하고 있는 인물입니다. 다카시는 풋볼 팀을 조직합니다. 팀은 초기에 많은 선행을 벌였지만 곧이어 단체로 슈퍼마켓을 대상으로 폭력을 저지르게 됩니다. 풋볼 팀을 중심으로 온갖 갈등이 일어나는 이야기죠.

이 소설은 일본의 전통과 현대의 갈등, 개인과 공동체의 관계, 그리고 권력과 저항의 복잡한 상관관계를 깊이 있게 탐구합니다. 실제로 만엔 원년인 1860년에 풋볼팀이 존재하지는 않았습니다. 그러나 제목이 이렇게 지어진 이유는 만엔 원년에 일어난 사건들이 현재도 재현되고 있음을 상징하기 때문입니다.

풋볼 팀은 선한 일을 실천하는 것과 동시에 패거리로 몰려다니며 증오심을 표출합니다. 부조리한 구조를 부수기 위해 사용되는 폭력은 계속해서 돌고 돌아 결국 사람들을 파괴합니다. 이는 과거 여러 나라를 공격했던 일본을 상징하며, 현재의 일본 사회에서도 폭력의 역사가 사그라지지 않고 있는 것을 의미하는 것은 아닐까요.

🔲 노벨상을 수상하다

오에는 1994년에 노벨문학상을 수상했습니다. 그런데 노벨문학상 수상 소식을 전하는 전화가 처음 왔을 때 상을 거절하는 해프닝이 있었다는데, 무슨 일이었을까요?

오에가 노벨문학상 수상 소식을 전달받던 그날, 그는 히카리와 함께 집에 있었습니다. 스웨덴에서 노벨상 수상을 알리는 전화가 걸려 왔고, 이 전화를 히카리가 처음 받았습니다. 당시 히카리는 전화를 받는 게 취미였다고 합니다. 그래서 '여보세요'와 '안녕하세요'를 프랑스어, 독일어, 러시아어, 중국어, 한국어로 완벽히 구사했다고 하죠. 그날 히카리는 전화를 받고선 "No"라고 답하고는 다시 일본어로 "아니요"라고 답했다고 합니다. 본의 아니게 노벨문학상 수상을 거부한 겁니다. 다행히 히카리는 바로 오에에게 전화기를 넘겨주었고, 오에는 직접 수상을 받아들인다고 제대로 말했죠.

그렇다면 당시 오에가 노벨문학상에 선정된 이유는 무엇이었을까요? '자신만의 상상력을 시적으로 창조해서, 현대에서 인간이 살아가는 고통을 극명

노벨문학상을 수상한
오에

하게 그렸다'는 것이었습니다. 한 개인이 겪는 내밀한 문제들을 파고든 뒤 다른 이들에게도 적용되는 보편적인 문제로 확장했다는 뜻이죠. 일본의 첫 번째 노벨문학상 수상자인 가와바타는 일본인 특유의 심정을 섬세하게 그려서 노벨문학상을 수상한 데 비해 오에는 일본만을 대변한 것이 아니라 누구나 공감할 수 있는, 인류의 보편적 문제를 다뤘기 때문에 주목받았다고 볼 수 있습니다.

다시 보는 오에 겐자부로, 부끄러움을 아는 작가

오에는 꾸준히 사회 활동에 참여했습니다. 그의 대표적인 활동으로는 '9조 모임'이 있습니다. 이는 헌법 9조를 지키기 위한 모임이죠. 헌법 9조는 일본에서 흔히 '평화헌법'으로 불립니다. 2차 세계대전 패전 직후 개정된 헌법 9조에선 '전쟁 포기(1항)'와 '군대 불보유(2항)'를 규정했기 때문이죠. 예를 들어 2항엔 '일본은 육해공군 그 밖의 전력을 보유하지 않는다'고 적혀있습니다. 태평양전쟁을 일으킨 일본의 재무장을 막는다는 의미에서 제정된 것입니다.

그런데 '아베' 전 총리는 일본을 군대를 보유할 수 있는 '보통 국가'로 만들자며 개헌을 추진했습니다. 게다가 2015년엔 집단적 자위권 행사를 규정한 '안보법제'를 도입했습니다. 다른 나라의 공격을 방어하기 위한 최소한의 조직, 즉 자위대를 갖추겠다는 주장으로 사실상 헌법 9조를 무력화시킨 셈이죠. 이에 오에 등 9명의 저명 인사는 '9조 모임'을 만들어 파병 반대에 뜻을 모았고, 이 모임은 전국 각지로 확산됐습니다. 아베가 개헌을 추진한 것은 오에가 80대였을 때였습니다. 고령의 나이에도 집회에 참석하며 헌법 수호에 대한 굳은 의지를 보였죠. 그가 직접 밝힌, 헌법 9조에 관한 생각을 살펴봅시다.

"일본이 헌법을 개정한다면 전쟁이 가능한 나라가 될 가능성이 매우 높습니다. 그렇기에 저는 헌법 9조 모임을 운영하고 있습니다. 일본의 대형 언론매체는 9조 모임을 많이 보도하지 않습니다. 그래도 일반 시민 25,000명이 집회에 온다는 것은 매우 드문 일입니다. 그렇기에 이 활동을 멈추지 않을 것입니다."
_ 2015년 〈연세-김대중 세계미래포럼〉 중

그는 다른 사회 활동도 많이 했습니다. 천황제를 일관되게 비판하면서, 그런 주제 의식이 드러나는 소설도 많이 썼습니다. 원전 반대 운동을 오랫동안 하면서 1천만 명의 서명을 유도하기도 했죠. 일본의 이라크 파병에 반대하기도 하고, 우익단체가 일본의 역사를 왜곡하는 교과서를 만들면 항의하기도 했습니다. 이렇게 사회 전반에서 진보적 지식인으로서 목소리를 많이 냈습니다.

작가의 표본 같은 인물이었기에, 많은 작가가 오에를 좋아했습니다. 그는 가장 사회적인 발언을 적극적으로 하는 작가이자 가장 내밀하게 인간의 마음을 묘사하는 작가였습니다. 또 장애가 있는 아들 때문에 소외된 이들에 관심이 많았고, 약자의 편에 서려고 했습니다. 작품이 좋은 평가를 받더라도 작품에서 말하는 것과 작가 본인의 삶이 다른 경우도 많지만, 오에는 작가의 삶과 문학이 동떨어지지 않았기에 작가들에게 존경받는 것이 아닐까요? 실제로 그는 "문학과 삶은 별개가 아니다"라고 말하기도 했습니다.

인류학자 루스 베네딕트는 일본 사회의 구조와 문화를 분석한 자신의 책 《국화와 칼》에서 '부끄러움'과 '수치심'의 차이를 이렇게 설명합니다. 부끄러움은 자신의 행동에 대한 감정이고, 수치심은 자신의 부끄러운 행동을 남이 알았을 때 느끼는, 인정하기 싫은 마음입니다. 이러한 의미에서 오에가 일본인을 한 단어로 정의한다면 그것은 '수치심'이 아니었을까요? 일본은 전쟁을 일으킨 데 대한 책임이나 위안부 문제 등 많은 것을 인정하지 않았죠. 오에는 이런 '일본의 수치심'을 반성하는 작가였습니다. 그리고 그의 이러한 성찰은 우리나라 사람들에게도 깊은 인상을 남기며, 그를 오랫동안 기억하고 존경하게 했습니다.

6

이란 히잡 시위의 시작? 두 얼굴의 왕,
모하마드 레자 팔라비

#히잡_시위 #여성의_자유 #석유 #빈부_격차 #탄압 #백색혁명 #몰락

محمدرضا شاه پهلوی

(1919.10.26.~1980.7.27.)

우리나라의 '테헤란로'가 이란의 수도 '테헤란'에서 비롯되었다는 것은 많이들 알고 계실 겁니다. 우리와 문화도 다르고 거리도 멀어서 그런지 이렇게 가벼운 상식 정도만 알고 있을 뿐, 이란의 역사, 정치, 사회에 대해서는 잘 모르는 사람들이 많은 것 같습니다.

'중동 지역'을 생각하면 떠오르는 이미지 중 하나가 여성들이 쓰는 히잡일 것입니다. 히잡 착용을 의무화하는 지금의 이란과는 달리 모하마드 레자 팔라비, 즉 팔라비 2세 때는 여성들이 히잡을 벗는 것은 물론이고 미니스커트도 입을 수 있을 정도로 복장이 자유로웠다는데요, 그는 어떤 군주였는지 우리가 아는 팔라비 2세의 모르는 이야기. 지금부터 만나보겠습니다.

'아는 사람'
팔라비 2세

피로 얼룩진 히잡 시위

"이란 히잡 미착용 여성 의문사 항의 시위 격화, 3명 사망"

"이란서 히잡 안 써 체포된 여성 의문사… 시위 벌어져"

"불붙은 히잡 곳곳에… 한 죽음이 쏘아 올린 이란 히잡 반대 시위"

_2022년 9월 국내 뉴스에서 발췌

현재 이란에서는 여성들의 히잡 착용을 강제하고 있습니다. 9세부터는 무조건 히잡을 쓰도록 법으로 정하고 있어서 이를 어기면 도덕 경찰에 체포 및 구금될 수 있으며 때에 따라 태형으로 74대까지 맞을 수 있습니다. 도덕 경찰은 히잡 착용을 비롯한 이슬람 풍속 단속을 전담하는 지도 순찰대입니다. 외국 여성이라도 이란에서 히잡을 쓰지 않으면 도덕 경찰의 지도 대상이 되죠.

이렇듯 히잡 착용에 대해 엄중한 이란에서 2022년 9월, 히잡 반대 시위가 시작됐습니다. 마흐사 아미니라는 22세의 여성이 히잡을 착용하지 않았다는 이유로 도덕 경찰에 체포된 뒤 의문사한 것이 계기가 됐죠.

시위가 격렬해지자 이란 정부는 시위를 무력으로 진압했고, 진압 과정은

마흐사 아미니 시위. 히잡 착용을
강제하는 정부에 반대하는 시위다.

폭력이 난무하고 총기를 사용하는 등 잔인했습니다. 보도에 따르면 미성년자를 포함해 최소 수백 명의 시위대가 사망한 것으로 추정된다고 합니다. 보안군은 종종 근거리에서 시위대를 향해 발포하여 심각한 부상, 특히 눈에 부상을 입혔고 많은 사람이 실명하게 됐습니다. 또한 수천 명이 체포됐으며, 많은 활동가, 언론인, 기타 참가자들이 투옥되었죠. 그중 수십 명은 처형당하기도 했습니다.

2024년 현재까지도 시위는 계속되고 있습니다. 특히 여성과 소녀들은 히잡 시위의 최전선에 남아있으며 종종 저항하는 행위로 히잡을 벗고 있습니다. '여성, 생명, 자유'라는 슬로건은 이란에서 여성의 권리와 개인의 자유를 위한 광범위한 투쟁을 상징하는 구호가 되었으며, 도덕 경찰은 여전히 활발히 활동하며 대중을 엄격하게 단속하고 있습니다.

한편 히잡 시위로 다시금 소환되는 인물이 있습니다. 히잡 착용을 자율화하고, 세속주의를 지향하여 국가를 선진화하려고 했던 이란의 마지막 왕, 모하마드 레자 팔라비입니다.

백색혁명과 뒤바뀐 여성의 모습

1941년, 왕권을 잡은 팔라비 2세는 1963년부터 '백색혁명'을 주도했습니다. 이 백색혁명은 위로부터의 개혁으로, 피를 흘리지 않는 무혈혁명이었습니다. 그는 서구 문물을 받아들이고, 국민이 이슬람율법과 상관없이 자유롭게 옷을 입게 함으로써 기존 이슬람문화에서 탈피해 세속주의를 표방했습니다. 이 영향으로 1970년대 수도 테헤란은 '서구화된 도시'로 통했습니다.

아래의 사진에서 왼쪽은 1970년대 중반 테헤란에서 짧은 치마를 입고 벤치에 앉아 있는 여성들의 모습이고, 오른쪽은 팔라비 2세가 왕권을 뺏긴 이후 다시 히잡과 차도르로 몸을 감싼 여성들의 모습입니다. 오늘날 복장의 자유와 여성의 권익이 향상된 여러 국가 상황과 비교했을 때 마치 시간 순서가 거꾸로 된 것처럼 보이기도 합니다.

1970년대 이란은 복장이 자율화되었을 뿐만 아니라 남녀공학도 있었고, 남녀가 극장에 가는 것, 데이트를 하는 것도 자유로웠습니다. 팔라비 2세가 이룬 백색혁명이 히잡 착용에 대한 자율권을 허용하여 여성의 권익을 전보다

(좌)1970년대 테헤란 여성들
(우)2020년대 테헤란 여성들

더 상승시킨 것입니다.

이 밖에도 그는 학교를 많이 세워 문맹률을 감소시키고자 했고, 공장을 세우고 국영기업을 민영화하여 산업을 발전시키고자 했습니다. 또한 토지 국유화를 통해 종교인들의 땅을 일반 시민에게 배분하는 토지개혁도 실시해 무려 250만 가구가 혜택을 받았습니다.

📖 한국과 이란의 교류

백색혁명은 이란으로부터 멀리 떨어진 우리나라에도 영향을 미쳤습니다. 21세기 이란은 폐쇄적인 풍토와 타국과의 지속적인 갈등으로 인해 한국과 접점이 거의 없는 국가라는 이미지가 있죠. 하지만 팔라비 2세가 왕으로 있던 1970년대는 달랐습니다. 당시 이란에서 건설 붐이 일어났을 때 우리나라는 노동자 2만여 명을 현장에 투입했고, 1973년 석유파동 때 이란은 한국에 유일하게 석유를 공급해 주었습니다.

1974년에는 이란 아시안게임에서 한국과 북한이 참가해 치열한 경쟁을 벌이기도 했습니다. 당시 국회의원이었던 황호동 의원이 선수 신분으로 돌아가 역도에서 은메달을, 조오련 선수가 '아시아의 물개'로 불리며 수영에서 금메달을 따기도 했죠.

그리고 1977년 6월 27일, 골람레자 닉페이 테헤란 시장과 구자춘 서울시장이 서울-테헤란 간 도로명 교환에 합의하며 양국의 우애를 다지기도 했습니다.

한국과 이란의 인연은 여기에서 그치지 않습니다. <주몽>과 <대장금>의 시청률이 거의 90%에 육박할 정도로 한국 드라마가 이란에서 큰 인기를 끌었는데, 특히 <주몽> 방영 시간에는 거리에서 사람을 찾기 어려울 정도로 엄청난 인기였다고 하죠.

이처럼 잘 알려지지 않은 이야기가 많습니다. 이제, 우리나라와도 인연이 깊은 이란의 '모르는 이야기'를 하나씩 살펴보겠습니다.

팔라비 2세의
'모르는 이야기'

팔라비 2세의 즉위

팔라비 2세가 왕권을 잡으며 백색혁명을 이끌 수 있었던 배경을 이해하기 위해서는 이란과 주변 국가의 역사적인 배경을 알아야 합니다. 특히 석유와 관련된 사건이 중요한 요소로 작용하는데, "석유 없는 중동은 아프리카다"라는 말이 있을 정도로 중동에서 석유의 중요성은 매우 큽니다.

1908년, 이란 땅에서 전 세계에서 두 번째로 많은 양의 석유가 발견되었습니다. 이후 이란의 석유 탐사 및 개발을 위한 독점적 권리를 가지고 있던 영국은 '앵글로 이라니아'이라는 석유회사를 세워 이란에 끊임없이 석유 이권을 요구했습니다. 당시 이란의 왕이었던 팔라비 2세의 아버지 팔라비 1세는 개발 정책을 꾀하고 있었고 정책을 실현하기 위해 여러 외국 기술자의 도움이 필요한 상황이었죠. 그는 이란의 석유를 헐값에 뽑아가는 영국보다 독일, 이탈리아, 프랑스 등의 국가에서 도움을 받고자 했습니다.

그러던 중 독일이 제2차 세계대전을 일으키면서 전쟁의 불길이 전 세계로 확산됐습니다. 이러한 긴장 속에서 팔라비 1세는 중립을 선언하며 이란을 전쟁으로부터 지켜내고자 했습니다. 하지만 평화는 오래가지 못했습니다. 영국과 독인 간 전쟁이 격화되면서 영국은 이란 내 석유회사에 근무하는 독일인 기술자들이 스파이라며 이란 정부에 그들의 추방을 요구했습니다. 하지만 팔라비 1세는 중립을 고수하며 거절했죠.

이 결정으로 영국은 이란이 독일과 협력한다고 의심했고, 이를 명분으로 연합국이었던 소련과 함께 이란을 침공했습니다. 그러나 이 사건의 이면에는 이란의 석유 자원을 독일에 빼앗길 것을 두려워한 영국의 두려움과 야욕이 공공연히 숨어있었죠.

연합국의 갑작스러운 침공에 준비가 부족했던 이란군은 항복할 수밖에 없었습니다. 결국 팔라비 1세는 강제로 폐위되어 군주의 자리를 만 21세의 황태자였던 팔라비 2세에게 넘겨야만 했습니다.

🔲 석유와 권력

영국과 소련의 군사 개입으로 팔라비 1세가 폐위되고 팔라비 2세가 즉위한 것은 이란 국민 사이에서 영국과 소련에 대한 부정적인 감정을 남겼습니다.

게다가 앞서 말한 것처럼 영국은 '앵글로 이라니안' 석유 회사를 통해 222km에 달하는 송유관을 깔고 수십 년 동안 이란의 석유를 헐값에 빼가고 있었죠.

이에 반영 감정은 점점 더 커졌고 석유를 국유화하자는 여론이 일었습니다. 그리고 이를 앞장서 이끈 인물이 1951년에 총리로 선출된 '모하마드 모사데크'였죠. 1951년 이란의 석유 국유화는 미국과 영국에 대한 큰 도발이었습니다. 이에 대한 보복으로 미국은 이란산 석유 구매를 중단했고, 이란의 해외 석유 수출을 봉쇄했습니다. 이란 경제가 크게 흔들리자 모사데크 정부는 소련과 접근을 시도했습니다.

한편, 소련은 이 시기에 자기 영향력을 확대하려고 중동 지역 여러 나라들과 관계를 강화하려던 중이었습니다. 소련은 모사데크 정부와의 관계를 통해 미국과 영국의 영향력에 대항하려 했죠. 하지만 이는 냉전 시기 미국의 강한 반발을 불러일으켰습니다.

모하마드
모사데크 총리

이러한 정세 속에서, 팔라비 2세는 처음엔 모사데크 총리의 석유 국유화 정책을 지지하였으나 결국 미국과 영국의 압력을 받아 모사데크를 지지를 철회하는 방향으로 선회합니다. 결국, 미국 중앙정보국(CIA)과 영국 정보기관(MI6)이 협력하여 1953년 모사데크 정부를 전복하는 작전을 수행했고, 팔라비 2세는 이 과정에서 핵심적인 역할을 했죠. 그 후 모사데크는 총리에서 실각되어 가택연금 상태로 지내다가 집에서 사망했습니다.

미국을 등에 업은 팔라비 2세는 일인자 군주로서 권위를 강화해 나갔습니다. 그리고 석유산업에서 얻은 방대한 수익을 바탕으로 이란의 경제 발전을 추진했습니다.

팔라비 2세의 지도력 아래 이란은 현대화와 경제성장의 길을 걸었고, 그의 효과적인 개혁 정책 덕에 이란의 국내총생산(GDP)은 개혁 시작 후 10배 이상 증가했습니다.

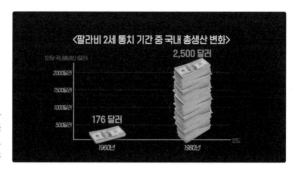

팔라비 2세 통치 기간 중
국내총생산 변화.
자료_World Bank

🔖 화려함 뒤의 불균형

석유로 엄청나게 부유해진 이란. 그렇다면 백색혁명으로 이란 국민들도 부유해졌을까요? 아니요. 그러지 못했습니다. 심지어 생필품도 살 수 없을 정도로 서민들은 힘들어했다고 하는데… 그 이유는 바로 부의 불균형 때문이었습니다.

팔라비 2세는 돈을 번 만큼 많이 써야 경제가 활성화된다고 생각했습니다. 특히 그의 궁중 생활은 무척 화려했다고 하죠. 팔라비 2세가 사용했던 사드 아바드 궁전의 내부는 프랑스의 호화로운 베르사유궁전을 본떠서 무척 화려했다고 합니다. 샹들리에, 장식품과 최고급 유럽풍 가구를 직수입했는데, 심지어 마리 앙투아네트가 직접 사용하던 책상까지 소장했다고 합니다. 식기구는 금으로 만들고 150여 대의 초고가 차량을 보유하는 등 사치스러운 생활을 즐겼습니다.

팔라비 2세의 세 번째 배우자 파라 디바의 왕관은 당대 최고의 세공사로 불리던 '피에르 아펠'의 작품이었습니다. 이란 전통에 따라 왕관은 이란 중

사드 아바드 궁전
전경과 내부

앙은행에 보관된 보석으로만 장식해야 했는데, 이를 위해 아펠은 프랑스에서 이란으로 직접 날아갔다고 합니다. 그렇게 만들어진 왕관은 다이아몬드 1,469개, 에메랄드 36개, 루비 34개, 스피넬 2개, 진주 105개의 보석이 사용되었다고 합니다.

그뿐이 아닙니다. 팔라비 2세는 세계를 놀라게 한 행사를 주최하기도 했습니다. 1971년 이란 건국 2,500주년을 기념하여 전 세계 정상들을 모두 초대한 대규모 행사를 개최한 겁니다. 이때 우리나라의 김종필 전 총리도 한국 대표로 이란을 방문했죠. 이 건국 기념행사에 무려 1~2억 달러를 투자해서 준비했는데, 한화로 약 1,300억 원 규모였다고 합니다. 행사에 쓸 포도주를 프랑스에서 25,000병이나 수입했다고 하니 어느 정도였을지 짐작이 가죠?

이후 이란의 발전상을 과시하려고 아시안게임도 유치했는데 이때 건설된 건축물이 이란의 아자디스타디움입니다. 너무 거대해서 이란 축구 팬들이 함성을 지르면 원정팀이 기에 눌려 이길 수가 없다고 하죠.

이렇게 무분별한 사치와 경제 정책으로 이란 정부는 극심한 경제적, 사회적 문제에 직면합니다. 경제적으로 총생산량은 증가하였으나, 부의 분배는 매우 불균형적인 상태가 된 것이죠. 상류층과 정부 관리들은 국가의 부를 독점하여 화려한 생활을 누렸습니다. 심지어 일부 관리들은 콩코드 비행기를 타고 파리까지 점심을 먹으러 가는 등 사치스러운 생활에 대한 일화가 전해집니다. 이와 대조적으로, 서민들은 생필품을 구하기조차 어려운 상황에 당면해 있었습니다.

경제적 불평등과 사회적 격차는 이란 사회 전반에 불만과 긴장감을 증폭시켰습니다. 계속되는 화려한 행사와 상류층의 사치는 다수 국민의 경제적 어려움과 대조되며 불만을 촉발했고, 이는 결국 팔라비 왕조의 몰락과 이슬람 혁명으로 이어지는 주요 원인이 되었습니다.

거대한
아자디스타디움

팔라비의 실제 성격은?

　팔라비 2세는 국민에게 자유, 해방 그리고 근대화라는 선물을 준 개혁적인 군주였지만, 외세에 의해 좌우되는 우유부단한 인물이기도 했습니다. 그렇다면 그의 실제 성격은 어떠했을까요? 이를 알려면 그의 아버지 팔라비 1세와의 관계를 봐야 합니다.

　아버지 팔라비 1세는 군을 지휘하는 장군으로, 쿠데타를 통해 왕위에 올랐습니다. 페르시아에서 이란이라는 국호도 만들고 도로와 학교를 건설했으며 히잡도 금지하는 등 과감하고 체계적인 서구화 정책을 펼쳤습니다.

팔라비 1세

　어린 시절 팔라비 2세는 군인 출신에 늘 완벽함을 추구하는 아버지를 무서워했고, 그래서인지 겁이 많은 소년이었다고 합니다. 팔라비 1세가 아들에게 더 많은 애정을 보였으면 좋았을 텐데, 기이하게도 그는 아버지가 아들에게 애정을 표시하면 아들이 동성애 욕망을 갖게 될 것이라 여겨, 종종 아들을 만지는 것조차 거부했다고 합니다. 게다가 아들에게 '너(you)'라는 말 대신 '선생(sir)'이라고 호칭했다고 합니다. 물론 아들도 똑같은 방식으로 아버지를 대해야 했고요. 팔라비 1세는 이렇게 하면 아들이 위대한 인물이 되는 데 도움이 될 거라고 믿었다고 합니다. 그러나 결국 팔라비 2세는 아버지가 바란 강인한 남성이 되지 못했고, 제복을 입고 늘 긴장된 표정으로 아버지 곁에 서 있는 어색한 모습의 왕세자였다고 합니다.

팔라비의 여자들

팔라비 2세가 강박이라고 해도 될 정도로 집착하던 것이 하나 있었는데, 그것은 바로 '키'였습니다. 그의 아버지는 키가 193cm나 되는 장신이었습니다. 이에 비해 178cm로 아버지보다 상대적으로 키가 작았던 팔라비 2세는 키높이신발을 신는 등 어떻게 해서든 키를 키우려고 안간힘을 썼다고 합니다. 그래서 키가 큰 여성을 좋아했다고도 하고요.

그는 총 3번의 결혼을 했는데, 첫 번째는 정략결혼으로, 이집트 국왕이었던 푸아드 1세의 딸 '파우지아' 공주와 결혼했습니다. 그의 아버지가 이집트와 친해지고 싶어서 맺어진 관계였지요. 1939년, 당시 팔라비 2세는 20세, 파우지아는 18세였습니다. 파우지아는 상당한 미인이었는데, '아시아의 비너스'로 통했을 정도라고 합니다.

첫 번째 왕비, 파우지아

하지만 둘의 결혼 생활은 행복하지 못했습니다. 이집트 출신인 파우지아 공주는 페르시아어를 잘 못해서 기본적인 대화가 되지 않은 것도 있었지만, 팔라비 2세가 폭력적이고 바람기가 많았던 게 둘 사이를 가른 가장 큰 문제였죠. 팔라비 2세는 유럽식 나이트클럽을 즐기며 유명 할리우드 배우였던 '진 티어니', '이본 드 카를로' 등과 스캔들이 나기도 했습니다. 게다가 파우지아가 본 팔라비 2세는 어머니와 여동생만 끼고도는 '마마보이'였습니다. 파우지아가 시어머니, 시누이와 몸싸움까지 하기에 이르렀을 때 팔라비 2세는 어머니와 여동생 편만 들었지요. 결국 두 사람은 1948년 공식적으로 이혼을 선업합니다.

　두 번째 결혼은 1951년 이란의 남부 귀족 출신인 '소라야 에스판디아리'
와 했습니다. 소라야는 유럽에서 교육받은 여성으로 자유분방한 성격의 소유
자였죠. 팔라비는 소라야를 가장 사랑했다고 합니다. 22캐럿이 넘는 다이아
몬드 반지를 선물하면서 청혼했고, 소라야는 크리스찬 디올이 디자인한 드레
스를 입고 결혼식을 올렸습니다.

두 번째 왕비,
소라야

　　　　　　　　　　　하지만 1958년 결국 이 둘도 불
　　　　　　　　　　임을 이유로 이혼하게 되었습니다.
　　　　　　　　　　팔라비 2세는 왕위를 잇기 위해 꼭
　　　　　　　　　　후손이 필요했는데, 아이를 낳을 수
　　　　　　　　　　없어 어쩔 수 없이 이혼한 것이죠.
　　　　　　　　　　이때 위자료로 300만 달러에 달하
는 파리의 최고급 펜트하우스, 롤스로이스와 벤츠 자동차, 각종 보석과 매달
7,000달러의 연금을 제공했다고 합니다.

　마지막 세 번째 결혼 상대는 '파라 디바'였습니다. 파라 디바는 이란 군인
의 딸로, 팔라비 2세와 무려 19살 차이였고 놀랍게도 팔라비 2세와 첫 번째
부인이었던 파우지아 사이에서 낳은 딸의 친구였습니다.

　파라 디바는 팔라비 2세와 결혼하여 2남 2녀를 낳았고, 1967년 팔라비 2세
가 샤한샤(황제)로 즉위함에 따라 파라 디바도 샤바누(황후)로 즉위했습니다.

　1970년대 후반부터 1980년대 초까지, 파라 디바는 문화·예술 분야에서
두각을 나타내며 가수, 배우, 무용가, 작가, 그리고 영화 제작자로서 활동했습
니다. 그의 예술 활동은 이란의 문화와 예술을 세계에 알리는 데 기여하였고,

특히 프랑스와의 문화유산 교류와 무역 중개자로서 활약하며 높은 명성을 얻었습니다.

세 번째 왕비,
파라 디바

현재 미국으로 망명한 그는 이란 내외에서 여전히 중요한 영향력을 발휘하고 있습니다. 최근에는 히잡 시위와 같은 사회적 이슈에서 자유와 해방의 가치를 주장하며 적극적으로 활동하고 있습니다.

개혁 정치의 그림자

팔라비 2세의 개혁 정치는 다른 이슬람 국가들에도 그다지 좋아 보이지 않았던 모양입니다. 팔라비 2세는 사우디아라비아에 계속 근대화를 권해왔는데, 이와 관련해 1960년대 후반 팔라비 2세와 사우디아라비아의 국왕 '파이살'이 주고받은 서한이 있습니다.

먼저 팔라비 2세가 파이살에게 보낸 서한입니다.

" 나의 형제여,
근대화를 하십시오. 국가를 개방하십시오.
남녀공학을 세우십시오.
여성들이 미니스커트를 입게 하십시오. 디스코(Disco)장을 여십시오.
그렇지 않으면 당신이 왕좌를 지키실 수 있으리라 생각하지 마십시오. "

다음은 파이살이 팔라비 2세에게 보낸 충고 섞인 서한입니다.

" 폐하, 충고 감사합니다.
하지만 저는 폐하가 프랑스의 왕이 아니시라는 점을 알려드리고 싶습니다.
당신은 파리의 엘리제궁에 사시는 것이 아닙니다. 이란에 계십니다.
폐하 국민의 90%가 무슬림입니다. 이 점을 잊지 마십시오."

이웃 나라 왕이 이렇게 뼈 있는 충고를 해줄 정도면 내부에서도 불만 세력이 나올 법하죠?

극심한 빈부 차이로 서민들의 불만도 컸지만, 개혁 정책으로 토지를 잃은 대지주인 성직자들도 불만이 가득했습니다. 히잡까지 벗기며 세속주의에 젖는 듯하니 이슬람 원리주의자들의 비판도 이어졌고요. 그중 백색혁명을 강력하게 비판하며, 불만 세력의 주도자로 떠오른 이가 바로 '아야톨라 루홀라 호메이니'입니다.

팔라비 2세를 비판한
호메이니

이슬람의 정치 지도자이자 종교 지도자였던 호메이니는 팔라비 2세를 외세에 굴종한 지도자라고 비판했습니다. 결국 그는 팔라비 2세 정부에 의해 체포돼 테헤란 교도소에 수감됐습니다.

호메이니의 수감 소식을 접한 시민들은 이에 항거하며 거리로 나섰습니다. 정부는 탱크와 공수부대를 동원해 시위를 강력하게 진압했죠. 진압 후 호메이니는 자택에 연금되었지만, 계속해서 정부를 비판하는 목소리를 이어갔습니다.

호메이니의 지속적인 비판과 대중의 지지로 그를 사형시키자는 의견이 제기되었으나, 당시 정보부 장관은 호메이니를 사형하면 오히려 문제가 더 커질 것이니 차라리 국외로 추방하는 게 낫다며 반대했습니다. 결국 호메이니는 국외로 추방됐고, 그는 추방된 곳에서 이란으로 돌아갈 날을 기약하며 활동을 이어 나갔습니다.

팔라비 2세는 호메이니의 추방과 함께 인권침해와 정치적 탄압으로도 비판을 받았습니다. 당시 비밀경찰 '사바크(SAVAK)'라는 이란 국가 정보 보안 기구가 있었는데, 미국 중앙정보국(CIA)과 이스라엘 모사드(Mossad)의 지원을 받아 1957년에 설립된 조직이었죠.

팔라비 2세 정권의 비밀경찰인 사바크는 정치적 반대자와 반체제 인사들을 고문하고 처형하며 악명을 떨쳤습니다. 이때 약 5,000~6,000명의 정규 요원을 고용하고 수만 명의 정보원 네트워크를 운영한 것으로 추정됩니다. 이들의 주요 역할은 정치적 반대 세력을 진압하고 왕실을 향한 의심되는 위협을 모니터링하여 팔라비 정권을 보호하는 것이었습니다. 그들은 언론에 대한 엄격한 검열과 정치활동 감시, 그리고 공산주의와 기타 좌파 운동 세력에 대한 가혹한 탄압을 시행했습니다. 이러한 억압적인 관행으로 팔라비 2세 치하의 이란은 세계 최악의 인권 유린 국가 중 하나로 비난을 받았습니다.

한편 이슬람 원리주의자들은 비밀경찰 사바크가 미국에 의해 창설되었다며 친미주의자인 팔라비 2세를 '나라를 판 왕'이라고 비난하기도 했습니다. 백색혁명도 자의가 아닌 미국의 입김이 있었다고 판단하는 이들도 많았죠.

이란 내부에서 공산당 세력이 점점 커지자, 이를 막고 싶었던 미국은 안전을 지켜주겠다는 명목으로 미군을 주둔시켰습니다. 이로 인해 백색혁명이 시작됐다는 의견도 있습니다.

📖 이슬람 혁명으로 붕괴된 팔라비 왕조

경제적 불평등, 권위주의적 통치, 서구 세력의 지나친 간섭과 도를 넘은 사치로 인해 국민의 불만이 왕권 유지를 하기 어려울 정도로 커져서 팔라비 2세는 결국 팔라비 왕조를 지키지 못했습니다.

만약 팔라비 2세가 정말 완벽한 개혁과 민주주의를 안착시키고 왕조를 마무리했다면 오늘날 이란 여성들은 히잡을 착용하지 않은 채 거리를 활보하고, 히잡 혁명은 벌어지지도 않았겠죠.

팔라비 2세에 대한 반발이 커지면서 이란은 다시 격동기를 맞았고 이슬람 원리주의의 상징인 호메이니를 중심으로 '이슬람 혁명'이 일어납니다. 시작은 비밀경찰 사바크에 의해 호메이니의 큰아들 모스타파가 살해되면서부터입니다. 이후 1978년 1월 7일 한 일간지에 호메이니를 영국 스파이이며 동성애자이자 미친 인도 시인으로 비유한 기사도 실렸죠. 이 기사를 읽은 이슬람 신학생들이 시위를 벌였는데, 경찰이 사격을 가해 6명이 숨졌습니다. 이 때문에 이란 전역에서 400만여 명이 시위에 참가했습니다. 하지만 경찰이 또 실탄을 퍼부어 사망자만 약 1만 5천 명이었다고 합니다. 그럼에도 혁명의 불길은 꺼지지 않고 결국 1979년 팔라비 2세가 퇴위하면서 호메이니가 통치하는 이슬람 공화국이 수립됐습니다. 혁명으로 탄생한 정부가 혁명으로 망한 것이죠.

팔라비 2세는 외국으로 도망치듯 망명하게 됩니다. 그 당시 그의 별명이 '플라잉 더치맨(Flying Dutchman)'이었는데, '플라잉 더치맨'은 17~18세기 네덜란드의 유령선입니다. 팔라비 2세는 유령선처럼 세계를 계속 떠돌아다녀야 했죠. 그는 임시 거주지를 찾아 이집트로 날아갔고, 다시 모로코로 이동했습니다. 그러나 모로코인들이 팔라비 2세의 몸값을 노리고 있다는 것을 안 그는, 1979년 여름 멕시코로 떠났죠. 이후 건강이 악화되어 수술이 필요한 상황이었기 때문에 전문적인 수술을 받기 위해선 미국에 입국해야만 했습니다.

팔라비 2세의 미국 입국 허용과 관련해 오랜 입씨름이 오간 결과, 그해 10월 '지미 카터' 대통령은 팔라비 2세가 치료 목적으로 미국에 입국하는 것을 허용했습니다. 그러나 팔라비 2세의 미국 입국에 성난 이란 과격파 학생 시위대가 이란 테헤란 주재 미국대사관에 쳐들어가 대사관 안에 있는 사람들을 인질로 잡고 팔라비 2세를 내놓으라고 요구하는 '주이란 미국 대사관 인질 사건'이 벌어집니다.

미국은 특공대원 90명을 보내 인질 구출 작전을 계획했습니다. 이것이 바로 20세기 최악의 작전으로 일컫는 '독수리 발톱 작전(Operation Eagle Claw)'입니다. 미국 정부는 인질을 구출하기 위해 총 8대의 헬기를 보냈는데, 2대는 고장 나고, 1대는 사막 위를 지나다 모래 폭풍에 휩쓸리는 바람에 승무원들이 사망했습니다. 결국 이 작전은 실패로 끝났고, 인질극은 444일간이나 계속되었습니다. 지미 카터 대통령은 이 일로 무능한 이미지를 얻게 되었고 결국 다음 선거에서 '레이건'에게 패배하였습니다. 그리고 인질들은 레이건 대통령의 취임식에 맞춰 석방되었죠.

　같은 해 12월 미국에서 추방된 팔라비 2세는 멕시코 입국조차 거절당하며 다시 파나마로 이주했습니다. 그러나 환경이 열악하고 의료 인력이 부족한 파나마에서 그의 병세는 악화되어 갔고, 결국 1980년 3월, 마지막으로 이집트로 돌아와 긴급 치료를 받았지만 끝내 생을 마감합니다. 남겨진 가족들도 망명 생활을 하다가 막내딸은 약물 과다 복용으로 사망하고, 둘째 아들은 권총으로 자살하고 말죠.

다시 보는 모하마드 레자 팔라비, 진정한 군주의 정신

모하마드 레자 팔라비는 백색혁명에서 잘 나타난 것처럼 국가를 현대화하고 번영시키려는 야심 찬 목표를 가지고 통치를 시작했습니다. 그는 토지 재분배, 여성의 투표권 확대, 국가 인프라의 대대적인 개선을 포함한 주요 개혁을 목표로 삼았죠. 처음 팔라비의 비전은 이란의 전통적 가치를 존중하고 유지하면서 현대화를 이끌고, 절대적으로 군림하지 않는 입헌군주로서의 통치를 열망했습니다.

그러나 시간이 지남에 따라, 팔라비 2세는 권력을 점차 중앙집중화하고 권위주의적인 방식으로 통치를 전환합니다. 이러한 변화는 애초의 의도와 극명하게 대조되어, 국민의 신뢰를 잃게 했죠. 당혹감과 고립감으로 얼룩진 말년을 보낸 그는 후에 이렇게 탄식했습니다.

> "내가 당신들을 위해 이렇게 많은 일을 했는데 왜 사람들은 어리석게도 나를 반대하는가!"

만약 팔라비가 조금 더 국민의 요구를 수용하고 경제적 불평등을 해결하려고 노력했다면, 보다 더 긍정적인 군주로 평가됐을지도 모릅니다. 하지만 그의 권위주의적 통치는 국민들의 불만을 촉발시켰고, 이는 이란을 돌이킬 수 없게 변화시킨 1979년 이슬람 혁명으로 이어졌습니다.

이슬람 혁명 후 이란은 완전히 다른 나라가 되었습니다. 혁명 이전에 다양한 옷을 선택할 수 있었던 여성들은 온몸을 가리는 히잡을 착용해야만 했습니다. 사회와 문화 전반에 엄격한 통제가 지속되었고, 남녀 혼합 행사가 금지됐습니다. 정치적 반대 의견도 용인되지 않았으며, 술을 금지하고 서구문화를 배척했습니다. 또한 학교와 직장에서 성별 분리 정책이 시행되어 여성의 교육과 직업 선택의 기회가 제한되었죠. 전반적으로 이슬람 혁명은 이란에 신권적 통치 구조를 수립했습니다.

이슬람 혁명 전후의 이란은 지도자의 결정이 국민의 일상에 얼마나 많은 영향을 주는지를 보여줍니다. 이러한 과정에서 겪는 고통의 대부분은 오롯이 국민 몫이어야 하는 안타까운 현실도 보여주죠. 팔라비 2세의 사례에서 보듯, 민심을 읽지 못하는 지도자는 결국 실패한 정권으로 평가받을 수밖에 없습니다. 그리고 민심을 읽는 지도자만큼이나, 올바른 지도자를 선택할 수 있는 현명한 국민도 중요하다 할 수 있겠죠.

인물사담회

다시 보기

유비의 책사, 그는 충신이었나?
제갈량

#후한_말 #충신 #지략가 #삼국지 #삼국지연의 #도원결의 #삼고초려 #야심가
#역사와_문학

諸葛亮

(181.?.?.~234.10.8.)

《삼국지》를 소설, 만화, 영화나 드라마 등 다양한 형태로 접한 분들이 많습니다. 그래서 책을 직접 읽지 않았더라도 '제갈량'이라는 인물의 이름을 한 번쯤은 들어봤을 것입니다. '제갈공명'으로도 잘 알려진 이 인물은 유비의 책사로 삼국지의 브레인, 위나라에 맞서고 촉한을 건국한 개국공신, 그리고 주군에게 절대 충성한 충신의 이미지를 가지고 있습니다.

하지만, 제갈량이 정말로 이렇게 완벽한 인물이었을까요? 실제 역사 속 제갈량은 어땠을지 아는 사람 제갈량에 대한 모르는 이야기. 지금부터 살펴보겠습니다.

'아는 사람'
제갈량

후한 말의 영웅들과 삼국의 탄생

삼국지가 시작되는 시대 배경은 중국 후한(後漢) 말기로, 정치적 혼란과 사회적 불안이 소용돌이치던 시기였습니다. 후한은 기원후 25년에 시작되어 약 200년간 지속되었지만, 2세기 후반부에 중앙정부의 권위가 약화되면서 다양한 문제들이 발생하기 시작했죠.

후한 말기 시대의
중국 지도

앞의 지도는 AD 25년부터 220년에 이르는 후한 말기의 중국을 보여줍니다. 후한은 '왕망'에게 잃었던 한 왕조를 회복시킨 나라로, 13개의 '주'로 나뉘어 있었습니다. 난세가 영웅을 만든다는 말처럼 각지에서 영웅들이 등장했는데, 삼국지의 주요 인물인 '조조'는 연주와 청주에서, '유비'는 익주에서, 그리고 손씨 집안은 양주에서 활약했습니다. 그중 우리가 이야기할 제갈량은 서주 출신으로 후에 조조를 피해 형주로 이동하고 그곳에서 유비를 만납니다.

이후 제갈량을 등용한 유비는 한 나라를 계승하여 새로운 왕조인 '촉한(蜀漢)'을 세우고, 조조는 위나라를, 손견의 차남 '손권'은 오나라를 세웁니다.

중국의 삼국시대

우리가 아는 제갈량

제갈량은 중국 삼국시대 촉한의 명재상으로, 키가 8척이나 되는 준수한 외모뿐만 아니라 발명과 전략에도 뛰어난 재능을 지녔던 인물로 알려져 있습니다. 그는 유비의 '삼고초려(三顧草廬)'로 등용되었으며, 촉한 건국에 결정적인 역할을 했습니다. 그의 정치 및 군사적 조언은 여러 전투에서 승리를 이끌었고, 특히 적벽대전에서 그의 전략은 유비와 손권 연합군이 조조군을 대파하는 데 크게 기여했습니다. 이 전투에서 그는 조조군으로부터 10만 개의 화살을 얻어내고 바람 방향을 바꿔 남동풍을 이용한 화공 전술을 펼치는 등 신기에 가까운 지략을 보여줌으로써, 단순한 지략가를 넘어 거의 초인적인 모습으로 묘사되고 있습니다.

제갈량은 그의 뛰어난 지략과 전략뿐만 아니라, 유비에 대한 깊은 충성심으로도 매우 유명합니다. 그는 평생을 한 왕조의 부흥과 백성의 평화를 위해 헌신했던 유비의 이상을 실현하기 위해 힘썼습니다. 제갈량은 유비의 죽음 이후에도 그의 아들인 유선을 보필하며, 유비의 유지를 이어가기 위해 최선을 다했습니다.

그는 여러 차례에 걸친 북벌을 시도하며 천하 통일의 꿈을 실현하려고 했는데, 이 또한 유비의 유지를 잇기 위한 것이라 전해집니다. 제갈량은 자신의 건강과 생명을 소중히 여기기 이전에 유비의 가문과 촉한을 우선시하며, 이를 위해 자신을 희생하는 길을 선택하죠.

이처럼 제갈량의 충신적인 면모는 그가 단순한 군사 전략가나 정치인을 넘어, 촉한에 없어서는 안 될 위대한 인물로 기억되게 하는 중요한 요소입니다. 그의 충직하고 헌신적인 모습은 수 세기에 거쳐 오늘날에도 많은 이들에게 귀감이 되었고 제갈량을 삼국지에서 빠질 수 없는 인물로 만들었죠.

여기까지가 일반적으로 제갈량에 관해 알려진 내용이자 많은 이들이 공감하는 부분일 것입니다. 하지만, 이러한 모습은 소설이나 영화를 통해 과장되어 전해진 경우가 많습니다. 실제 역사 기록과 문학적 과장 사이에는 큰 차이가 있으며, 이에 따라 제갈량의 이미지가 신화적인 수준으로 부풀려진 측면이 있고, 특히 그의 충신으로서의 면모도 과장되었다고 볼 수 있죠. 그렇기 때문에 제갈량을 진정으로 이해하기 위해서는 그의 행적을 역사적 맥락에서 살펴볼 필요가 있습니다.

제갈량의
'모르는 이야기'

📖 우리가 아는 삼국지는 가짜?

대중에게 널리 알려진 삼국지 이야기는 사실 3세기에 '진수'가 저술한 역사서 《삼국지(三國志)》가 아닌, 14세기에 '나관중'이 쓴 역사소설 《삼국지연의(三國志演義)》의 내용이 많습니다. 《삼국지》는 위(魏), 촉(蜀), 오(吳) 세 나라의 역사를 객관적으로 기록한 정사로, 정확한 연대기순으로 사건들을 서술하여 중국 역사를 공부하는 데 기본이 되는 자료로 여겨집니다.

반면, 《삼국지연의》는 정사 《삼국지》를 바탕으로 하되, 유비, 관우, 장비

《삼국지연의》 삽화

등의 인물을 중심으로 극적이고 흥미롭게 이야기를 확장하여 서술했습니다. 이 소설은 역사적 사실과 허구가 섞여 있으며, 인물과 사건이 과장되어 표현되었습니다. 《삼국지연의》가 대중적으로 널리 알려진 이유도 바로 이 때문입니다. 이러한 인기는 종종 역사와 허구 사이에 혼동을 일으키죠.

🗋 도원결의는 없었다

'도원결의(桃園結義)'는 삼국지에 등장하는 중요한 일화로, 유비, 관우, 장비가 후한 말 황건적의 난을 진압하기 위해 유주에서 의병을 모집하고 있을 때 복숭아나무 숲에서 의형제를 맺은 사건을 말합니다. 이들은 함께 혼란을 극복하고 난세를 바로잡기 위한 공동의 목표를 가지고 의형제를 맺죠. 이 장면은 삼국지 만화나 소설, 영화에서 빠지지 않고 등장하는 중요한 장면으로 목표를 이루기 위해 뜻이 맞는 사람들이 모여 약속하는 상황을 일컫는 관용적인 말로도 쓰입니다.

그런데 이 '도원결의'가 사실은 없었다는 것, 알고 계셨나요? 복숭아나무 아래에서 유비, 관우, 장비가 의리를 맺는 장면은 정사 《삼국지》가 아니라 소설 《삼국지연의》에만 등장합니다. 제갈량이 활약한 2세기 말부터 3세기 초와 《삼국지연의》가 등장한 14세기 사이에는 거의 천 년의 시간이 존재합니다. 예를 들어, 고려시대 궁예와 2000년대 드라마 속 궁예 사이의 차이처럼 말이죠. 시간의 간격은 역사와 문학 사이에 때때로 큰 차이를 만듭니다.

물론 정사 《삼국지》에도 세 인물의 우애가 나타나는 다음과 같은 대목이 있습니다.

게임 <삼국지13>에
등장하는 도원결의 장면

선주(유비)는 두 사람(관우, 장비)과 함께 잠자며 같은 침상을 썼고 은혜가 형제
와 같았습니다.   _정사 《삼국지》 관우전 중

관우와 유비는 의로는 군신의 관계지만, 은혜로는 마치 부자 관계와 같습니다.
                                         _정사 《삼국지》 유엽전 중

《삼국지연의》에서 추가된 도원결의는 감동적인 이야기를 위해 더해진 것
으로 실제 역사와는 거리가 있습니다.

📘 고도로 연출된 삼고초려

193년, 제갈량의 고향인 서주에서 대학살이 일어났습니다. 자신의 아버
지를 죽인 서주 자사 '도겸'에 대한 복수를 명분으로, 조조가 서주를 공격하
면서 10만 명 이상의 백성을 학살한 사건이죠. 이 사건은 '조조의 서주 침공',
'조조의 서주 대학살'로 널리 알려져 있습니다. 정사 《삼국지》는 당시의 상황
을 이렇게 기술하고 있습니다.

202/203

죽은 자의 수가 수만 명이나 되었으며, 사수는 시체로 막혀 물조차 흐르지 않았
다.
_정사《삼국지》도겸전 중

서주 대학살 당시 제갈량은 조조를 피해 형주로 이동합니다. 그는 자신의 고향을 짓밟은 조조에 대한 복수심을 죽을 때까지 간직했을 겁니다.

제갈량이 형주로 건너왔다는 소식이 유비에게까지 전해졌습니다. 유비는 용맹한 무장인 관우와 장비가 있었지만, 유능한 책사가 필요한 참이었죠. 제갈량이 젊고 학식이 뛰어나다는 평판을 듣고 유비가 직접 찾아갑니다. 하지만 제갈량은 '와룡(臥龍)', 즉 누워서 때를 기다리는 용이라 불리며 은둔 중이었습니다.

첫 방문 때 제갈량의 집은 비어있었고, 그의 흔적만 남아있었습니다. 유비는 제갈량이 없음을 확인하고 잠시 기다리다가 돌아갔습니다. 두 번째 방문에서도 유비는 제갈량을 만나지 못했습니다. 유비는 그의 지략과 지혜를 느낄 수 있는 제갈량의 서재를 조용히 둘러보았을 뿐입니다. 그리고 세 번째 방문에서 마침내 제갈량을 만나게 됩니다. 제갈량은 자신을 세 번이나 찾아온 유비의 겸손과 진심에 감동합니다. 유비는 눈물을 흘리며, 제갈량이 현재의 난세를 타개할 수 있는 능력을 갖춘 꼭 필요한 인재라며 함께하자고 제안하죠. 제갈량은 유비의 뜻에 응답해 그와 천하를 위해 노력하기로 하고 함께 중원을 향한 큰 계획을 세우기 시작합니다.

삼고초려의 이야기는 유비가 위대한 인재를 얻기 위해 보여준 인내와 끈기, 그리고 제갈량의 잠재력을 발휘할 기회를 제공한 그의 통찰력을 상징적으로 보여준 일화로 많이 알려져 있습니다. 그리고 유비와 제갈량의 만남에서 물과 물고기의 사이처럼 임금과 신하가 아주 친밀함을 나타내는 '수어지

명나라 말기의
삼고초려도

교(水魚之交)'라는 말이 비롯되기도 했죠.

그런데 삼고초려를 단순히 수어지교의 감동적인 장면으로 받아들여도 괜찮을까요? 삼고초려가 사실은 고도로 연출된 장면일 수 있습니다.

유비는 161년생, 제갈량은 181년생으로 스무 살 차이입니다. 이 무렵 유비는 대략 40대 중후반으로 50세를 바라보는, 당시로서는 꽤 지긋한 나이였죠. 게다가 나름 후한 왕실의 후손이라는 자부심도 있었습니다. 그런데 명성에 비해 아직 이렇다 할 경력이 없는 20대 서생을 세 번씩이나 찾아간 건 그만큼 절실했다는 의미입니다.

한편, 제갈량은 세상의 눈에 띄지 않는 산속 초가집에서 생활하고 있었지만, 단순히 학문에만 몰두하고 있던 것은 아니었습니다. 그는 앞서 말한 것처럼 '와룡(臥龍)'이라는 별명을 가진 인물로, 정치에 깊은 관심을 두고 세상으로 나갈 적기를 기다리고 있었죠. 어린 시절 고향인 서주에서 목격한 조조의 잔혹한 만행 때문에 조조에게로 갈 수는 없었고, 조조에 대한 복수심을 품고 자신을 불러줄 누군가를 기다리던 제갈량에게 유비는 마침 필요한 존재였습니다. 유비에게 제갈량이 필요했듯이, 제갈량에게도 유비는 꼭 필요한 인물이었던 것이죠.

그렇다면 제갈량은 왜 유비를 세 번이나 찾아오게 만든 걸까요? 제갈량에게 유비가 필요했지만, 기다렸다는 듯이 넙죽 수락할 수 없었던 겁니다. '삼고'는 당대 인재를 얻기 위한 단순한 관례였다는 해석이 있습니다. 좋은 곳에서 제안이 들어와도 두 번 정도는 다시 고려해 보겠다고 거절하는 문화였다는 것이죠. 삼고초려라는 연출을 통해 세 번은 찾아가야 얻을 수 있는 인재라는 명성을 만들고 싶었을 겁니다.

그리고 무엇보다 유비는 3형제의 임협(任俠)으로서의 이미지를 깨고 싶었을 겁니다. 유비 3형제는 의리로 뭉쳐 수평적 질서를 유지했습니다. 이 의리는 유비와 그의 형제들, 그리고 그들의 추종자들 사이에 강력한 유대감을 만들었습니다. 하지만 이러한 임협만으로는 왕조를 창건하고 유지하기에 부족했죠. 무력을 앞세운 용병 집단에서 국가를 세울 수 있는 창업 집단으로 성장할 필요가 있었고, 군사적 연합을 넘어 정치적 신뢰와 지지를 구축해야 했습니다. 그래서 보다 구조화된 리더십과 체계가 필요했죠.

제갈량의 합류는 유비 집단의 변화를 이끌 수 있는 중요한 열쇠였습니다. 그는 군사 전략가일 뿐만 아니라 국가 운영에 필요한 정치적 깊이를 아는 인물이었습니다. 삼고초려 과정은 단순한 인재 등용을 넘어, 유비의 리더십과 국가 운영 방식을 새롭게 정립하려는 정치적인 의지였습니다. 이 과정을 통해 제갈량은 유비 집단에서 필수적인 인물로 자리매김하며, 유비 집단이 용병 같았던 수준을 벗어나 국가 창설을 위한 세력으로 성장하는 데 결정적인 역할을 했습니다.

유언에 담긴 유비의 진심

유비와 제갈량의 군신 관계를 단적으로 보여주고 제갈량을 충신의 아이콘으로 만든 장면이 있습니다. 바로 유비가 유언하는 장면으로 향년 63세로 눈을 감게 되는데, 제갈량과 아들 '유선'을 곁에 두고 이런 유언을 남겼습니다.

> "그대의 재능은 조비(조조의 아들)나 손권보다 열 배, 백 배 뛰어나니 틀림없이 나라를 안정시키고 마침내 대업을 이룰 것이네. 이 아이는 그대가 보좌하고 싶으면 하고, 그릇이 아니라 생각되거든 그대가 천자의 지위를 차지하라."

유비가 제갈량의 능력을 높이 평가하며 자신이 죽은 뒤 천자의 지위를 차지해도 좋다고 유언했습니다. 문자 그대로 받아들이면, 제갈량이 유선을 대신해서 황제가 되어도 좋다는 것을 의미하는 듯합니다. 그러나 이 대목도 글자 그대로만 해석하는 것은 적절하지 않을 수 있습니다.

만약 자신의 아들이 부족하다면 천자가 되어도 좋다는 것은 어떻게 보면 황위를 찬탈하라는 의미입니다. 이건 신하에게 역적이 되라는 뜻입니다. 그런 유언에 어떤 신하가 "주군의 뜻이라면 받들겠습니다"라고 할 수 있을까요. 아무리 주군의 뜻이라도 신하로서는 받아들일 수 없는 명령이죠.

유비는 굉장히 온화한 이미지로 잘 알려져 있습니다. 그런데 그가 꼭 온화하기만 한 건 아니었던 것으로 전해집니다. 당대 유비의 별명이 '효웅'이었는데, 여기서 '효'는 올빼미 효(梟)자입니다. 올빼미는 어미를 잡아먹기도 하는 맹금류지요. 즉, 효웅이라는 별명은 사나운 야심가인 유비를 상징한다고 볼 수 있습니다. 그럼 유비가 이런 유언을 정말로 속뜻 없이 했을까요?

유비가 황제가 된 뒤 제갈량은 '보정'에 오릅니다. 보정은 황제가 스스로 정치를 하지 못할 때 모든 권한을 이양받아 황제의 역할을 하는 직위입니다. 즉, 제갈량은 이미 황제와 비슷한 권력을 지니고 있었습니다. 그런 상황에서 유비는 제갈량이 마음만 먹으면 황위 찬탈도 가능하다고 생각했을 겁니다. 유비가 이렇게 유언을 한 것은 어쩌면 제갈량이 황제가 되리라 판단하여 아들에게 천자의 지위를 넘겨주는 것을 포기한다는 의미일 수 있습니다. 또는 제갈량에게 "네 생각을 알고 있으니 황위 찬탈까지는 생각지도 마라!"는 반협박의 의미로 해석될 수 있죠. 물론 죽으면서 혼미한 정신으로 남긴 정당하지 않은 유언, 즉 난명일 수도 있습니다. 제갈량이 유비의 유언에 담긴 진심을 정확히 파악했던 걸까요? 제갈량은 유비의 아들 유선을 주군으로 끝까지 섬겼습니다.

🗍 출사표에 담긴 제갈량의 진심

제갈량이 남긴 유명한 글에는 '출사표'가 있습니다. 출사표란 장수가 출병할 때 자신의 굳은 마음가짐을 적어 군주에게 올리는 글입니다. 제갈량의 출사표가 유명한 이유는 주군을 향한 충성심과 헌신의 각오를 볼 수 있기 때문입니다. 하지만 출사표에서도 그의 숨겨진 진심을 발견할 수 있는 부분들이 있습니다. 다음은 제갈량이 227년 북벌에 나서며 황제 유선에게 남긴 글입니다.

제갈량의
출사표

곽유지, 비의, 동윤 등은 모두 선량하고 진실하며 뜻과 헤아림이 충성스럽고 순수합니다. 따라서 선제께서 발탁하여 폐하에게 남기셨으니 궁중의 일은 대소사를 막론하고 모두 그들에게 물으신 이후 시행하시면 반드시 부족한 점을 보충하여 크게 이로울 것입니다.…

선제께서는 신을 비천하다 여기지 않으시고 송구스럽게도 몸소 몸을 굽혀 신의 오두막을 세 번이나 찾으시어 당세의 일을 신에게 자문하셨습니다. 이제 멀리 떠남에 표문을 올리니 눈물이 흘러 무슨 말을 아리어야 할지 모르겠습니다.

제갈량의 출사표에서 '선제(유비)'를 '폐하(유선)'보다 거의 두 배 더 언급했는데, 이는 유비를 유선보다 중요하게 여겼음을 나타냅니다. 유선은 경험이 부족한 젊은 지도자였기 때문에 제갈량은 유비에게서 받은 자신의 지위와 중요성을 강조하며, 유선이 아버지의 유산을 이어받아 황실을 효과적으로 이끌 수 있도록 구체적인 지침을 제시하려고 했습니다. 제갈량은 출사표를 통해 한 황실의 부흥을 선언하면서, 조정 내에 이미 유비와 자신이 등용한 뛰어난 인재들을 잘 배치해 두었으니, 유선은 이들의 지시를 잘 따르기만 하면 된다고 한 것이죠.

이게 과연 신하의 충성스러운 말로만 느껴지나요? 제갈량의 이러한 말은 단순히 충성스러운 신하가 주군에게 하는 말이라기보다는, 한 아버지가 자신의 아들에게, 혹은 한 선생님이 제자에게 지시하는 것과 같은 느낌을 줍니다. 물론 해석은 각자의 몫이겠죠. 하지만 출사표를 이렇게 해석해 본 이유는 선입관에서 벗어나 객관적으로 당시의 상황에 비추어 속뜻을 파악해 볼 필요가 있기 때문입니다.

북벌에 담긴 제갈량의 야심?

제갈량 인생의 후반부를 장식하는 사건은 다섯 차례의 북벌입니다. 제갈량은 앞에서 본 것처럼 출사표를 올린 후 위나라 정벌에 나섰죠. 228년에 일어난 제1차 북벌에서 제갈량은 처음으로 직접 출정해 군사를 지휘했습니다.

패기 있게 시작한 북벌이었지만, 군량 보급 문제 등으로 번번이 실패합니다. 그럼에도 불구하고 제갈량은 계속해서 북벌을 감행했지만, 결국 6년간 밀어붙인 5차례의 북벌은 모두 실패하고 맙니다.

도대체 제갈량은 왜 계속되는 실패에도 북벌을 포기하지 않았을까요? 서주 대학살을 일으킨 조조를 향한 복수심 때문이었을까요? 제갈량의 1차 북벌 시기는 이미 조조가 사망한 지 8년이 지난 때였으니 분명 다른 이유가 있었을 겁니다.

유비가 설립한 촉한은 멸망한 한의 황실을 부활시키고자 하는 강력한 명분 위에 세워졌습니다. 이러한 명분은 촉한의 국시로 자리 잡았고, 제갈량이 이를 외면하는 것은 어려웠을 겁니다. 그리고 한 가지 더 중요한 이유가 있습니다. 제갈량이 북벌을 지속한 것은 조정을 장악한 데 더해 군사권조차 확보하고자 했던, '완벽한 권력'을 향한 결정이라고 해석할 수 있습니다.

유비가 살아있을 때 제갈량은 군사권을 갖지 못했습니다. 고대 중국에서는 군사권이 황제의 소유였으며, 장군은 황제를 대신해 전쟁에 출정하면서 군사권을 행사할 수 있었습니다. 장군으로 전쟁을 해본 경험이 없어서 제갈량은 군사권을 가져본 적이 없었던 것이죠. 보정으로서 조정의 실권은 이미 확보한 상태에서 군사권까지 틀어쥘 수 있는 계기가 되었던 게 바로 북벌이었습니다. 따라서 북벌을 계속해야 군권을 계속 쥐고 있을 수 있었을 것입니다. 내전이 끊임없이 이어지는 현대의 많은 국가에서 보듯, 군벌들이 전쟁이 끝나면 자신의 권력이 축소될까 두려워하는 마음이 제갈량에게도 있었을까요? 이러한 맥락에서 볼 때, 제갈량이 북벌을 포기하지 않은 것은 완벽한 권력을 갖기 위한 정치적인 계산에 의한 것이 아니었을까 추측해 봅니다. 234년, 건강이 악화되었음에도 불구하고 결국 제갈량은 다섯 번째 북벌을 감행했고 결국 과로와 스트레스가 누적되어 오장원에서 병사했습니다.

"신은 모든 힘을 다하다 죽은 후에야 그만둘 것입니다." _후출사표 중

제갈량은 '진짜' 충신이었나?

대단한 지략가이자 충신의 이미지가 강한 제갈량이지만, 《삼국지》의 이야기가 후대에 전해지는 동안 역사적 사실에 허구의 이야기가 첨가되었다는 것을 알 수 있습니다. 정사 《삼국지》에 따르면 도원결의 장면은 실제가 아니었고, 삼고초려의 절절한 느낌도 사라졌으며, 유비의 유언을 통해 느껴지던 수어지교의 군신 관계도 다른 해석의 여지가 생겼습니다. 제갈량이 적벽대전에서 남동풍을 일으키거나 적으로부터 화살 10만 개를 얻어낸 일, 그가 자신의 죽음을 예상하고 자기를 닮은 나무 인형을 만들어 죽은 후에도 사마의를 두렵게 했다는 이야기 등도 소설이나 영화를 통해 강력한 초인처럼 표현된 허구의 이야기죠.

제갈량을 너무 평가절하하는 것 같지만, 그를 억지로 깎아내리려는 것은 아닙니다. 다만, 역사와 소설 사이에서 창작된 부분을 덜어내고 있는 그대로를 보려는 것이죠. 제갈량을 이렇게도 해석할 수 있다는 것으로 알아주세요. 실제로 그가 훌륭한 인재였음은 정사 《삼국지》에도 자세히 나와 있습니다. 극한의 환경에서도 최선의 해결책을 모색하고 최선의 결과를 끌어내려고 노력한 인물이죠. 또한, 후대에 제갈량의 충신다운 면을 실제보다 과장해서 묘사한 부분이 있을지라도, 그가 충성심 깊고 신뢰할 수 있는 인물이었다는 것 또한 사실입니다. 그가 충신으로 유명한 이유는 전설이나 이야기 때문만이 아니라, 죽음에 이르기까지 보여준 헌신과 충정이 시대를 초월하여 많은 사람에게 영감을 불러일으켰기 때문일 것입니다.

다시 보는 제갈량,
역사를 바라보는 날카로운 시선

인물에 대한 가치 평가는 시대에 따라 달라집니다. 삼국시대 당대인에게 공명정대한 인물이지만 군사적 능력은 떨어진다고 평가받던 제갈량은, 위진 남북조 시기에는 사마의에 필적하는 매우 뛰어난 장군으로 변모하였고, 북중국을 거란과 여진에게 차례로 빼앗긴 남송 시대에는 충절의 아이콘으로 거듭 납니다. 고대에서 근대로 이어지는 동안 제갈량에 대한 포장이 덧대어지면서 그를 해석하는 시대의 가치와 이념 등이 개입한 것이죠.

이처럼 시간의 간극은 때때로 역사와 문학 사이에 괴리를 만듭니다. 《삼국지연의》에서 감동을 더하기 위해 도원결의 장면을 창작한 것처럼요. 그리고 이러한 괴리는 역사적 인물과 사건에 대한 우리의 인식에 큰 영향을 미칩니다. 따라서, 《삼국지연의》와 같은 작품을 즐길 때는 역사적 사실과 문학적 가공 사이를 구별하는 안목을 갖추는 것이 중요합니다. 이를 통해 우리는 문학과 역사 사이의 차이점을 탐구하며 역사를 더욱 풍부하게 이해할 수 있게 됩니다.

같은 사건이라도 그 의미를 다양하게 분석하고, 그 시대적 의미를 살펴보는 것은 매우 중요한 역사 공부이자 인물 탐구 방법일 것입니다. 그리고 누군가를 섣불리 단정 짓거나, 세간의 평가에 휩쓸리는 것 또한 옳지 않습니다. 삼국지를 새롭게 이해하기 위해 정사 《삼국지》를 한번 읽어보는 건 어떨까요?

8

싸워야 한다면 알리처럼
무하마드 알리

#어록 #세기의_기적 #스캔들 #권투_천재 #인종_차별 #저항 #베트남전쟁_참전_거부
#진정한_챔피언

Muhammad Ali

(1942.1.17.~2016.6.3.)

"그 덕분에 나도 대통령이 될 수 있다는 용기를 갖게 됐다. 그는 미국 그 자체였다."

버락 오바마 대통령이 남긴 말입니다. 그에게 이토록 큰 영향을 준 인물은 누굴까요?

바로 '무하마드 알리'입니다. "나비처럼 날아 벌처럼 쏜다.", 권투에 관심이 없는 사람이라도 한 번쯤은 다 들어보았을 겁니다. 이 명언으로 유명한 무하마드 알리는 프로 데뷔 후 세계 헤비급 타이틀을 세 차례나 거머쥔 인물입니다. 총 61번의 싸움에서 단 5번만 패배했다는 전설의 복서죠.

하지만, 그가 세상에 이름을 떨치던 1960년대 미국은 그에게 녹록지만은 않은 곳이었습니다. 그가 어떤 결전을 벌였는지 아는 사람 알리의 모르는 이야기, 지금부터 만나보겠습니다.

'아는 사람'
알리

🗨 어록 부자, 무하마드 알리

알리는 현란한 펀치로 유명한 권투선수입니다. 그리고 주먹만큼 현란한 말재간의 소유자이기도 했죠. 별명이 '떠버리'였을 정도였으니까요. 그는 말만 많은 게 아니라 적재적소에 명언을 날려서 늘 주목을 받았습니다.

그가 남긴 명언 몇 가지가 있습니다. 어느 날 한 기자가 알리에게 윗몸일으키기를 몇 개나 하는지 질문했는데 그때 알리가 이렇게 대답했다고 합니다.

> " 나는 윗몸일으키기를 몇 회나 하는지 세지 않는다.
> 힘들어서 고통이 느껴지기 시작하면 숫자를 세기 시작한다.
> 그때부터가 진짜다.
> 그게 당신을 챔피언으로 만들어 줄 것이다. "

또 이런 말들도 남겼습니다.

"챔피언은 체육관에서 만들어지는 것이 아니라 자신의 마음 깊은 곳에서 만들어진다. 나는 단순히 세계 최고가 아니다. 그 이상이다. 상대방을 K.O시킬 뿐 아니라 때려눕히고 싶은 라운드를 내가 정한다!"

"불가능은 나약한 사람들의 핑계일 뿐이다. 불가능이란 아무것도 아니다."

"내 신념을 지키는 한, 나는 잃을 것이 없다."

"내게 단점이 있다면, 내가 얼마나 끝내주는 사람인지 잘 몰랐다는 것이다."

"자신이 최고가 아니라고 해도 최고인 것처럼 행동하라."

그의 엄청난 자신감이 와닿지 않나요?

그렇다고 알리가 말만 번지르르했던 선수는 아닙니다. 영민한 머리로 뛰어난 실력을 보이는 선수였죠. 알리 이전의 선수들은 주로 힘과 체력으로만 승부를 봤다면, 알리는 상대 선수의 특성을 파악한 뒤 맞춤형 전략을 펼칠 줄 아는 선수였습니다.

🗨 무하마드 알리 vs 조지 포먼, 킨샤사의 기적

권투에 두뇌를 활용한 맞춤 전략을 사용했던 알리. 그의 시합 중 최고의 명승부는 무엇이었을까요?

1974년 10월 30일, 알리의 팬이라면 잊을 수 없는 바로 그 승부입니다. 당시 헤비급 세계 챔피언으로 명성을 펼치던 '조지 포먼'에게 도전장을 내민 알리. 권투 역사상 최고의 빅 매치였습니다.

32세의 노장 알리와 혈기 넘치는 25세 챔피언 포먼의 대결, 누가 봐도 포

링에 몰리며 맞기만 하는
알리의 모습

먼의 압도적인 승리가 예상되는 상황에서도 알리는 이런 말로 상대를 도발합니다.

"나는 너무 빨라서 스위치를 끄고 불이 꺼지기도 전에 침대에 눕는다. 그러니 조지 포먼은 날 볼 수도, 때릴 수도 없을 것이다!"

아프리카 자이르(현재 콩고 민주공화국)의 수도 킨샤사에서 대망의 시합이 벌어졌습니다. 알리는 현란하게 몸을 푸는 반면 포먼은 가볍게 몸을 풀었죠. 경기가 시작되자 알리는 적극적으로 나섰지만 곧 포먼에게 헛스윙을 날린 후 얼굴을 맞고 말았습니다. 그의 얼굴은 위축되기 시작했죠. 알리의 몸으로 조지 포먼의 강타가 계속 날아왔습니다. 포먼의 주특기는 강력한 주먹이었는데, 알리는 계속 상대를 붙잡아 공격을 방해하는 클린치를 시도했습니다. 1라운드는 알리가 일방적으로 밀리며 끝이 났습니다. 두 사람의 분위기는 예측한 대로 흘러갔죠.

2라운드에도 알리는 계속 맞기만 했습니다. 링으로 밀리는 상태를 벗어나

지 못했죠. 알리가 영 힘을 쓰지 못하자 포먼의 승리로 끝나고 마는 듯했습니다.

그리고 운명의 8회, 반전이 일어났습니다. 로프에 기대어 방어만 하고 있던 알리가 반격을 시작한 겁니다. 상대가 봤을 땐 수세에 몰려있는 것 같지만 실은 호흡을 고르던 중이었죠. 일명 '힘 빼기' 작전. 코너에 몰렸다고 해서 다 지고 있는 게 아니라는 걸 보여주는 전술이었죠. 포먼은 계속해서 코너에 몰린 알리를 향해 무섭게 달려들었지만, 사실 점점 힘이 빠지고 있었습니다.

이때 알리의 눈빛이 변했습니다. 경기 내내 로프에 기대어 맞고만 있던 알리는 기다렸다는 듯이 펀치를 날리기 시작했고, 이미 지칠 대로 지쳐버린 포먼은 결국 기세등등한 알리의 맹공에 그대로 쓰러지고 말았습니다.

이날 알리가 보여준 '로프 어 도프(Rope-a-dope)'라는 전략은 약물에 취한 듯 로프에 기대 휘청거리며 반동을 이용해 상대의 타격을 흡수하는 기술로, 알리가 세운 철저한 전략이었습니다. 나이와 체력, 펀치력 등 조지 포먼보다 여러 면에서 불리했지만, 이를 노련한 경기 운영으로 극복한 겁니다.

경기 후 조지 포먼의 승리를 예측한 많은 사람에게 알리는 이렇게 쏘아붙였습니다.

> "내가 진다던 사람들, 잘 들어요. 내가 최강의 복서, 소니 리스턴을 이겼을 때 역사상 최고가 됐다고 했잖아요? 나는 지금도 여전히 역사상 최고예요. 내가 진짜 챔피언입니다."

모두의 예상을 깨고 젊고 강력한 조지 포먼을 꺾은 알리. 알리의 전략과 인내가 빛났던 이 대결은 복싱 역사에서 최고의 명승부로 회자되고 있습니다. 경험이 풍부한 그는 경기 전략을 세워 젊은 챔피언을 꺾는 대역전극을 연출했고 이런 알리의 도전 정신은 팬들에게 깊은 인상을 남겼죠. 전설이 된 이 경기는 경기가 열린 지역의 이름을 따, '킨샤사의 기적'이라 불리게 됐습니다.

🗨 스타의 사생활

뛰어난 경기력, 외모, 승부욕과 담대함까지 갖춘 스타. 그의 사생활은 어땠을까요? 자신의 욕망을 노골적으로 드러내는 성격 때문인지 스캔들이 꽤 있었습니다. 공식적으로는 결혼을 총 4번 했고, 그 사이에 자녀가 일곱 명이었죠. 혼외 자식도 두 명 있었고요. 게다가 버젓이 아내가 있는데 다른 여성을 자기 아내라고 소개하고 다닌다거나, 내연녀를 집까지 들인다거나 하는 논란도 많았습니다. 1964년, 그는 첫 번째 부인인 '손지 로이'와 이혼했습니다. 그리고 1967년에 결혼한 두 번째 부인 '칼릴라 알리'와의 사이에 4명의 자녀가 있음에도 2명의 여성과 불륜을 저질렀죠. 1977년엔 또 다른 불륜 상대 여성이었던 '베로니카 포르체'와 세 번째 결혼을 했습니다. 그렇게 2명의 자녀를 더 얻었지만 여전히 가정에 충실하지 못했습니다. 결국 네 번째 부인 '욜란다 로니 알리'와의 사이에서 아들 한 명을 입양하며 스캔들의 막을 내렸습니다.

이처럼 무하마드 알리의 사생활은 그의 대담한 성격만큼이나 논란거리가 되었습니다. 그러나 그 많은 스캔들에도 불구하고 그의 이름은 복싱을 넘어 당시 사회, 문화 전반에 걸쳐 엄청난 영향력을 미쳤습니다. 그는 생각을 당당히 표현하는 자세와 강한 신념을 지닌 매력적인 인물이었죠.

참고로 알리와 세 번째 부인과의 사이에서 난 '라일라 알리'라는 딸이 있습니다. 라일라는 알리에게 권투를 하고 싶다고 했지만, 의외로 알리가 위험하다고 반대했다고 합니다. 실제로 권투로 목숨을 잃는 일도 있었거든요. 하지만 아버지의 고집을 꺾고 권투에 입문해 슈퍼미들급 세계 챔피언 자리까지 오릅니다. 그 아버지에 그 딸이죠.

📖 도둑을 잡기 위해 시작한 권투

권투는 위험하지만 공정하고 민주적인 스포츠입니다. 맨몸에 글러브 하나만 끼고 링에 올라 평등한 상태로 싸웁니다.

유명한 권투선수 중에는 유독 흑인 선수가 많습니다. 체형적 특성상 흑인이 권투에 유리하다는 분석도 있지만, 실은 흑인이 성공하기 어려웠던 당시 사회 상황이 그들에게는 인종적 열세를 극복하고 성공한 삶을 살 수 있는 몇 가지의 선택지 중 하나였습니다. 알리의 시대에는 인종차별이 만연했기 때문이죠. 흑인들은 백인에게 억압받고 교육 기회도 얻지 못하는 유리천장이 존재했습니다. 하지만 권투는 두 팔과 두 다리만 있으면 누구와도 평등하게 싸울 수 있습니다. 수영이나 스케이팅과 달리 많은 자본이 필요하지 않고요. 이처럼 권투나 육상은 신체적 조건이 뛰어난 흑인에게 계층 상승의 통로가 된 겁니다.

무하마드 알리도 이런 이유에서 권투를 시작한 걸까요? 가난을 이기기 위해 주먹을 꼭 쥔 소년. 이런 서사를 예상했겠지만, 그렇지는 않습니다.

알리는 비교적 괜찮은 흑인 중산층 가정에서 태어났습니다. 1954년, 알리

알리를 발굴한
조 마틴

가 12세 때 일입니다. 자전거를 타고 박람회를 보러 나간 날, 실컷 구경하고 나왔더니 자전거가 사라져 버렸습니다. 화가 난 알리는 경찰을 찾아가 신고했는데 그때 만난 경찰이 권투 트레이너를 겸하고 있던 '조 마틴'이었습니다. 그는 범인을 잡으면 흠씬 패주겠다고 하는 알리에게 제대로 싸우는 법을 아냐며, 이참에 권투를 배워 보는 게 어떻겠냐고 권했습니다. 이것이 알리와 권투의 첫 인연이었죠.

권투를 시작한 알리는 꽤 소질을 보였습니다. 권투를 시작한 지 겨우 몇 주 만에 첫 아마추어 경기에서 우승했고, 그때부터 알리의 전성시대가 시작되었죠. 다음은 알리의 이력입니다.

아마추어

16세-골든 글러브 챔피언

17세-내셔널 골든 글러브 챔피언

18세-로마 올림픽 금메달

프로 전향

22세-헤비급 세계 챔피언

32세-헤비급 세계 챔피언 타이틀 탈환

36세-세 번째 헤비급 세계 챔피언 타이틀 획득

알리는 권투를 시작한 지 10여 년 만에 세계 챔피언이 됐습니다. 그리고 바로 이때, 중대 발표를 하게 되죠. 이제부터 자신을 '무하마드 알리'라고 부를 것을 요청한 것입니다. 이게 무슨 말일까요? 사실 그의 본명은 따로 있었습니다.

📖 세상을 향한 선전포고

알리의 본명은 '캐시어스 마셀러스 클레이'입니다. 클레이는 과거 백인 농장주의 이름을 따 노예에게 붙여준 성입니다. 캐시어스 마셀러스 클레이는 자신의 이름을 버리고 무하마드 알리로 새롭게 태어난 것이죠.

> "나는 당신들이 원하는 챔피언이 되지 않을 것이다. 나는 내가 원하는 대로 살 권리가 있다."

흑인의 정체성과 자주성을 표현하기 위해 '무하마드 알리'라는 이름을 선택한 그는 이름만 바꾼 게 아니라 신앙도 바꿨습니다. 부모님은 독실한 기독교 신자였지만, 알리는 이슬람교로 개종한 것이죠. 당시 이슬람 신앙을 토대로 한 미국의 흑인 해방 조직 '네이션 오브 이슬람(Nation of Islam)'이 있었습니다. 알리는 이 조직에 몸담으며 흑백 차별 반대운동을 적극적으로 벌이기 시작합니다.

그러나 처음부터 그가 저항의 아이콘이었던 건 아니었습니다. 18세에 로마올림픽 금메달리스트가 됐을 때만 해도 세상을 다 가진 듯 행복해하던 젊은이였죠. 하지만 충격적인 경험을 하면서 세상을 등지고 저항하기 시작했습니다.

금메달을 딴 뒤, 자랑스러운 마음에 늘 금메달을 목에 걸고 다니던 그는 어느 날 식당에서 직원에게 이런 말을 듣게 됩니다.

"당신은 여기 못 들어와요. 여긴 백인 전용 식당입니다."

백인 전용 식당이라는 말에 알리는 충격과 분노에 휩싸였습니다. 그리고 더 이상 백인에게 무릎 꿇고 살지 않겠다고 다짐했습니다. 그렇게 차별에 대한 저항 의식을 키워가면서 흑인의 긍지를 주장하는 네이션 오브 이슬람에 점점 적극적으로 참여하게 됩니다.

1960년대 미국은 '흑인 전용', '백인 전용' 시설이 나뉘어 있을 만큼 인종 차별이 심각했습니다. 특히 1876년부터 1965년까지 시행된 '짐 크로 법(Jim Crow laws)'이 시행되어 모든 공공기관에서 합법적으로 인종을 분리하고 백

백인이 아닌 사람들
전용 대기실

인들이 흑인보다 우월한 대우를 받도록 하는 조치가 가능해졌습니다. 이때부터 공립학교, 공공장소는 물론이고 버스, 화장실, 식당, 식수대에서조차 흑인은 백인으로부터 격리되었죠.

1960년대 흑인민권운동은 두 가지 노선이 있었습니다. 그중 하나는 흑인과 백인의 화합을 도모하려는 쪽이었고, 대표적인 인물로는 'I have a dream'이라는 연설로 유명한 '마틴 루터 킹' 목사가 있습니다. 그리고 그와 대척점에 있던 노선이 '블랙 내셔널리즘(Black Nationalism)', 흑인을 백인이 주도하는 주류사회에 통합시키지 말고 흑인 별도의 공동체와 국가를 세워야 한다는 부류였죠. '네이션 오브 이슬람'이 이 노선을 택했고, 알리가 여기에 몸담은 것입니다.

네이션 오브 이슬람은 흑인들을 위해 최초의 흑인 민족주의 학교를 만들었습니다. 그리고 흑인들만의 사업체를 운영하면서 경제난, 실업난을 겪고 있는 흑인들을 고용했습니다. 백인에게 의존하지 않는 경제적 자립을 목표로 진짜 흑인들만의 나라를 꿈꾼 것이죠.

해티
맥대니얼

알리가 등장하기 전에도 운동선수나 유명 인사 중에서 성공한 흑인이 있었습니다. 1939년에는 영화 《바람과 함께 사라지다(Gone with the Wind)》에서 주인공의 유모를 연기한 '해티 맥대니얼'이 아카데미에서 여우조연상을 받았습니다. 그는 흑인 사회에서도 자기 분야에서 성공할 수 있음을 보여주는 의미 있는 사례 중 하나였습니다.

그런데 여기서 짚어보아야 할 점은 당시에 성공한 흑인이란, 소득 수준이 상승함에 따라 백인의 문화를 따라 하는 사람이라고 여겨졌다는 것입니다. 흑인들만의 독특한 말투와 억양, 단어가 있음에도 불구하고, 백인들이 생각하는 모범적인 신사나 숙녀의 이미지에 따라 발음과 어투를 교정받는 등의 노력을 해서 백인들이 바라는 모범적인 흑인이 되려고 노력한 것이죠. 그러다 보니 성공한 흑인 한두 명의 존재가 오히려 흑인 전체에 대한 모순을 보여주기도 했습니다. 그들의 성공이 마치 다른 흑인도 같은 노력을 하면 성공할 수 있다는 잘못된 표본으로 여겨졌기 때문이죠. 앞서 소개한 해티 맥대니얼의 경우에도 그의 하녀 배역이 흑인 여성을 노예와 같은 종속적인 존재로 묘사하여 인종적 고정관념을 심어준다고 비난받기도 했습니다. 이처럼 성공한 소수 흑인의 존재가 대다수 흑인의 현실을 왜곡하고 있었습니다.

하지만 무하마드 알리는 달랐습니다. 흑인 특유의 찰진 말투나 라임이 있는 각운을 마음껏 사용하며, 한 방 먹일 때는 욕도 조금 섞어서 언제나 당당하게 자신만의 언어로 말을 했죠. 그의 입담은 인터뷰에서도 남달랐는데, '조 프레이저'와의 경기 전 인터뷰에서도 흑인 특유의 말투가 잘 나타났습니다.

> "Joe's gonna come out smoking, but I ain't gonna be jokin', I'll be pickin' and pokin', pouring water on his smokin'…
> 조가 연기를 뿜어대도 내게 장난 따위 치면 안 되지. 내가 찍고 찌르고 그 연기에 물을 끼얹을 테니 참 놀랍겠지만 내가 조 프레이저를 꺾어버리겠지."

1960년대 미국은 텔레비전이 라디오를 밀어내고 미디어의 주류로 부상하던 시절이었습니다. 알리는 이때 시 낭송 음반도 내고, 토크쇼에도 출연했습니다. 심지어 백인이 진행하는 토크쇼에서 백인에게 말할 기회를 주지 않고 내내 혼자 떠들기도 하면서 말이죠. 이렇게 링 밖에서 자신을 드러내는 걸 주저하지 않은 알리는 현실이 부당한데, 흑백 통합을 주장하는 건 순진하다고 생각했습니다. 그는 백인의 말을 고분고분 듣는 것을 거부하고 흑인의 부당한 처우를 개선하는 데 앞장섰습니다. 그런 의미에서 네이션 오브 이슬람은 알리에게 종교를 넘은 흑인으로서 생존 도구였던 것이죠.

하지만 개명, 개종 이후로 알리를 바라보는 시선이 나빠졌습니다. 이 전까지 알리에게 제발 출전해 달라고 사정하던 경기장에서 알리의 경기를 거부할 정도였죠. 게다가 개명했다는 것을 얘기했음에도 불구하고 사람들은 계속해서 그를 '캐시어스 클레이'라고 부르기도 했습니다. 알리는 참지 않았습니다. 자신을 클레이라고 부르는 사람들을 향해 자신은 무하마드 알리라고 집요하게 상기시켰죠. 카메라를 향해 "내가 누구라고? 무하마드 알리라고!"라며 고래고래 소리치기도 했습니다.

📖 세상에서 가장 잘 싸우는 남자가 거부한 싸움

미국은 1964년부터 1975년까지 베트남전쟁에 개입하며 청년들을 전쟁터에 보냈습니다. 건장한 미국 청년이라면 대부분 전쟁에 나가는 상황에서 알리는 참전을 거부했죠. 알리는 그 이유를 이렇게 설명했습니다.

> " 권투에서 싸움의 목적은 승자를 가리기 위함이지만 전쟁의 목적은 죽이고, 죽이고, 또 죽이고, 죽이는 것밖에 없습니다. 전쟁이란 그럴 수밖에 없죠. "

베트남전쟁은 1955년부터 1975년까지 남북으로 분단된 베트남의 내전으로 그 후 자본주의와 공산주의 진영이 대립하는 냉전 상황이 개입하면서 미군이 참전하게 되었습니다. 전쟁이 장기화되고 민간인에 대한 무차별 학살이 이어지면서 수많은 희생자가 발생했습니다. 미군의 사망자가 5만 8천여 명에 달할 정도로 미국의 피해도 심각했습니다.

군 인력이 부족해지자 미국은 징집을 시작했습니다. 알리도 징집 대상에 포함되었으나 1964년 필기시험에서 징집 부적격 판정을 받아 군면제자가 되었습니다. 하지만 1966년, 미국이 징집 기준을 낮추면서 알리에게 다시 입대 명령이 떨어졌고, 미군은 알리의 적극적인 입대 협조를 바랐습니다. 전쟁 중 무차별적 민간인 희생으로 인해 국내 여론이 좋지 않았고, 당시 영웅 같은 존재였던 알리가 이 전쟁에 참여한다는 것을 보여주면 전쟁에 대한 부정적 여론을 바꾸는 데 효과적일 것으로 예측했기 때문이죠.

하지만 알리는 단호했습니다. 참전하지 않겠다고 선을 그었고, 그의 참전 거부로 반전 운동에 더욱 힘이 실렸습니다. 한편 참전을 찬성하는 쪽에서도 가만히 있지 않았습니다. 참전을 거부한 알리를 겁쟁이, 반역자라고 부르는 등 거센 비판이 가해졌죠. 그럼에도 불구하고 알리는 무슬림으로서 살생할 수 없다고 주장하며 양심적병역거부자로 인정받을 것을 요구했습니다.

알리의 결정은 그의 개인적인 삶에도 큰 영향을 미쳤습니다. 양심적병역 거부자 인정을 요구한 지 불과 한 시간 만에, 뉴욕주 체육 위원회는 챔피언 벨트를 박탈했습니다. 심지어 권투 면허도 박탈당해 더 이상 선수 생활을 할 수 없게 되었죠. 이후 병역거부 혐의로 재판도 받아야 했죠. 재판 현장에서 알리는 이런 발언을 했습니다.

"저는 누군가가 흑인들이 가지지 못한 것을 얻도록 도울 생각이 없습니다. 제가 죽는다면, 이 자리에서 당신들과 싸우다 죽을 거예요. 당신 같은 백인들이 내 적입니다. 베트남, 중국, 일본인이 적이 아니에요. 당신들은 내가 원하는 자유와 정의를 반대했고 내가 원하는 평등을 반대했습니다. 미국인인 내 종교적 신념조차도 지지해 주지 않았죠. 내 고향에서 날 지지해 주지 않는데 어디로 가서 싸우고 오라는 말입니까?"

첫 재판에서 알리는 징역 5년을 선고받았습니다. 이런 경우라면 당시 형량 18개월 정도가 관행이었기에, 법조인들조차 놀란 가혹한 판결이었죠. 괘씸죄가 가중 적용된 겁니다. 알리는 즉각 항소했지만 결국 링에서 추방당해 남은 재판이 진행되는 동안 권투를 못 하게 됐습니다. 그때가 그의 나이 25세로, 운동선수로서는 최고의 전성기를 구가할 수 있는 때였죠.

이 일만 아니라면 선수로서 열망하던 꿈을 이루고, 남들이 부러워할 만한 부와 명예까지 누릴 수 있었지만, 알리는 소신 있는 징집 거부로 링에 오르지 못하는 불운의 선수가 되고 말았습니다. 이 일로 자신이 스포츠를 초월해 인권을 위해 싸운 역사적인 인물로 길이 남을 줄은 꿈에도 몰랐겠지만요.

싸워야 할 곳을 알았던 진정한 챔피언

강제로 글러브를 벗게 된 알리는 3년이 넘는 재판 기간에 무엇을 했을까요? 그사이 수많은 챔피언의 탄생을 지켜보면서 몸이 근질근질했을 것 같은데…. 그는 항소를 진행하면서도 꾸준히 대학 강연을 다니고 TV에 출연했습니다. 소송료와 생활비를 번다는 목적도 있었지만, 주된 목적은 인종차별에 대한 반대의 목소리를 높이는 것이었죠. 강연의 내용은 인종주의에 반대하는 내용들이었습니다. 처음에는 오로지 흑인을 향한 핍박만 느꼈지만, 이 시기를 거치며 그는 흑인 외에도 미국에서 핍박받는 다른 소수인종을 인지하게 되었죠. 억압받는 소수인종 간 연대의 가치도 깨달으며, 인디언을 위한 권리투쟁에 동참하기도 했습니다.

1971년 대법원에서 알리의 병역거부에 대한 유죄 선고가 만장일치로 무죄로 뒤바뀌게 됩니다. 이 판결로 알리는 법적 지위도 회복하고 선수 자격도 되찾을 수 있었습니다. 3년 6개월 만에 다시 링 위에 설 수 있게 된 것이죠. 몇 차례의 복귀전 이후 1974년에 앞서 소개했던 챔피언 조지 포먼과의 대결이 펼쳐졌습니다. 알리의 대전료는 545만 달러였는데, 현재 가치로는 약 4백억 원에 달합니다. 더욱 놀라운 건 실비를 제외하고 대전료 전액을 기부했다는 겁니다. 흑인, 푸에르토리코인, 미국 원주민 등 미국 내 차별받는 인종의 권리투쟁과 복지 향상을 위해 써달라며 거액을 기꺼이 내놓았죠.

헤비급 타이틀을 다시 차지한 후, 알리는 세계적인 명성을 활용해 인종 평등과 국제 평화를 위한 사회 활동에 더욱 깊이 참여했습니다. 개발도상국 지원과 아프리카의 식량 및 의료 지원 활동을 펼쳤으며, 인종 화합과 종교갈등을 해결하고자 노력했죠. 또한 교육 및 청소년 프로그램을 지원하여 많은 젊은이에게 영감을 주기도 했고, 1990년 걸프전 직전 이라크를 방문하여 미국 인질 15명을 석방하는 데 중요한 역할을 하기도 했습니다.

알리는 권투 챔피언일 뿐만 아니라 정의와 평화의 상징이기도 했습니다. 싸워야 할 곳을 알았던 진정한 챔피언. 무하마드 알리가 세계에 긍정적인 영향을 끼친 것은 분명합니다.

슈퍼스타! 한국에 오다

1976년 6월 27일, 서울은 기대감으로 들끓었습니다. 일본에서 프로 레슬링 선수 '안토니오 이노키'와의 경기를 마친 알리가 한국을 방문하기로 되어 있었죠. 나비처럼 날아서 벌처럼 쏘고, 대륙을 넘나들며 강적들을 물리친 지상 최강의 남자를 보기 위해 수많은 사람이 몰려들었습니다. 그는 단순한 스포츠 스타가 아니라 세계적인 영웅이었습니다.

김포공항을 나온 알리는 서울 시내를 가로지르는 대규모 카퍼레이드에 참여했습니다. 약 100만 명의 서울 시민이 거리로 나와 그의 행렬을 지켜보았고, 서울의 주요 도로는 통행이 중단됐습니다. 오픈카에 탑승해 몰려든 시민들에게 알리는 손을 흔들며 화답했습니다.

방한 기간 그는 한남동의 이슬람 사원을 찾아 문화적 다양성을 알렸습니다. 또한 동작동 국립묘지(현 현충원)에도 들러 한국전쟁에서 희생된 이들을 추모했고, 이는 한국인에게 깊은 인상을 남겼습니다. 이어 국기원에서 태권

도를 배우고 시연하는 행사에 참여했으며 주한 미군을 만나 격려하는 시간도 가졌습니다.

알리의 방한은 단순한 스포츠 이벤트가 아니라, 한국 사회와 문화를 이해하고 교류하고자 하는 의미 깊은 행보였습니다.

카퍼레이드 중 시민을 향해
손을 흔드는 알리

🗒 알리의 삶과 죽음

아무리 강력한 상대라도 무릎 꿇렸던 알리였지만, 그조차 이기지 못한 상대가 하나 있었으니, 바로 '세월'이었습니다. 나이가 들고 한계를 느낀 그는 1981년 돌연 은퇴를 선언했습니다. 그리고 1984년 42세의 나이로 뇌 퇴행성 장애인 파킨슨병 진단을 받았죠. 병마와 싸우는 동안 사람들의 기억에서 점차 멀어졌습니다.

그러던 그가 1996년 애틀랜타 올림픽 개막식에 성화 점화자로 깜짝 등장했습니다. 파킨슨병으로 손을 떨고 걸음도 부자연스러운 모습이었지만, 기어이 성화에 불을 붙였습니다. 그 모습에 전 세계가 감동하며 박수를 보냈습니다.

애틀랜타는 영화 <바람과 함께 사라지다>의 배경이자 남북전쟁 당시 노예제도를 지지했던 남부의 중심지였습니다. 그런데 올림픽 100주년을 기념하는 자리, 애틀란타 올림픽 개막식에 당당하게 등장함으로써 미국과 그가 비로소 화해하는 듯한 메시지를 주었습니다. 어쩌면 챔피언 타이틀 매치보다 더 큰 감동을 선사했던 장면으로 꼽힐지 모릅니다.

2016년 6월 3일, 알리는 74세의 나이로 생을 마감했습니다. 그리고 그해 6월 10일, 알리의 고향인 미국 켄터키주 루이빌의 한 경기장에서 장례식이 치러졌습니다. 거리는 알리를 연호하는 시민들의 함성으로 가득 찼습니다. 마이크 타이슨, 윌 스미스, 그리고 다양한 종교 지도자들이 알리의 장례식에 참석해 그의 마지막 길을 함께해 주었습니다.

알리의 장례식은 인종차별을 철폐하고 종교적 통합을 기원하는 일종의 행사와도 같았습니다. 모든 것은 알리의 계획으로, 생전에 미리 기획해 둔 것이었다고 합니다. 장례식에 참석한 사람들은 "전례가 없었지만, 그가 본보기가 되어주었다. 이전엔 불가능했던 것들을 가능하게 만들었다", "무하마드 알리의 죽음은 권투계에 큰 손실이지만 삶이라는 게 원래 짧지 않은가. 중요한 건 신과 함께 있는 것이다"라며 알리를 기억했습니다.

다시 보는 알리,
싸워야 한다면 무하마드 알리처럼

"다른 이에게 행하는 봉사는 천국에 있는 당신의 안식처에 대한 비용입니다."
_무하마드 알리 기념비 중

　그는 어려운 환경 속에서 희망을 찾는 인생을 살았습니다. 백인 중심 사회에서 흑인으로 태어났고, 기독교가 주류인 사회에서 이슬람교를 선택했으며, 정부에 의해 권투 글러브를 벗게 된 이후에도 더 이상 누구도 차별받지 않는 사회를 위해 노력하고 다시 링 위에 섰죠. 권투가 유행하던 시절 위대한 선수는 참 많았지만 유독 무하마드 알리를 기억하고 높이 평가하는 이유는 싸워야 할 때 싸울 줄 알고, 기어이 이길 줄 아는 진정한 승부사여서가 아닐까요? 링 위에선 상대 선수와 싸우고, 링 밖에서는 인종차별주의자와 싸우고, 링을 내려와서는 병마와 싸웠던 알리. 로프 어 도프(Rope-a-dope) 전략은 그의 인생과 닮았다고 볼 수 있습니다. 상대가 거대했기 때문에 할 수 있는 게 맞고 있는 것밖에 없었던 시대 상황에서, 링 안은 물론 링 밖에서도 온몸으로 그 매를 맞으면서 버텨내다가, 필요한 순간에 빠르고 강력한 한 방을 날릴 수 있는 사람이었습니다.

　부당한 현실에 안주하기보다, 싸워야 할 대상을 피하지 않고 싸웠던 그의 행보를 기억했으면 좋겠습니다. 우리가 약자를 향한 차별과 부당함으로부터 도망치지 않고 맞서 싸워야 한다면, 무하마드 알리처럼 용기 있고 강력한 펀치를 날릴 수 있기를 바랍니다! 나비처럼 우아하고 벌처럼 빠르게 말이죠.

인물사담회
다시 보기

아는 사람 모르는 이야기
인물사담회 01

1판 1쇄 발행 2024년 6월 21일

저 자 | EBS〈인물사담회〉 제작팀
글 | 김서정
발행인 | 김길수
발행처 | ㈜영진닷컴
주 소 | (우)08507 서울특별시 금천구 가산디지털1로 128
        STX-V타워 4층 401호
등 록 | 2007. 4. 27. 제16-4189호

ⓒ 2024. ㈜영진닷컴

ISBN | 978-89-314-7572-2

YoungJin.com Y.
영진닷컴